# 1870-1871

# TABLEAU-MEMENTO

## CHRONOLOGIQUE

# DES ÉVÉNEMENTS

### AVEC NOTICES EXPLICATIVES

PAR

## Ch. ROMAGNY

PROFESSEUR ADJOINT DE TACTIQUE ET D'HISTOIRE
A L'ÉCOLE MILITAIRE D'INFANTERIE.

## PARIS

### LIBRAIRIE MILITAIRE DE L. BAUDOIN

IMPRIMEUR-ÉDITEUR

### 30, Rue et Passage Dauphine, 30

—

1891

1870-1871

# TABLEAU-MEMENTO CHRONOLOGIQUE

## DES ÉVÉNEMENTS

AVEC NOTICES EXPLICATIVES.

PARIS. — IMPRIMERIE L. BAUDOIN, 2, RUE CHRISTINE.

# 1870-1871

# TABLEAU-MEMENTO

## CHRONOLOGIQUE

# DES ÉVÉNEMENTS

### AVEC NOTICES EXPLICATIVES

PAR

## Ch. ROMAGNY

PROFESSEUR ADJOINT DE TACTIQUE ET D'HISTOIRE
A L'ÉCOLE MILITAIRE D'INFANTERIE.

## PARIS

### LIBRAIRIE MILITAIRE DE L. BAUDOIN

IMPRIMEUR-ÉDITEUR

#### 30, Rue et Passage Dauphine, 30

—

1891

# NOTE

Ce travail est suffisamment défini par son titre. D'un premier coup d'œil, le lecteur se rendra compte du parti qu'il en peut tirer, soit qu'il veuille suivre les événements au jour le jour dans leur ensemble, soit qu'il désire à un moment donné se remémorer les opérations poursuivies sur un seul et même théâtre. Dans ce dernier cas, il n'a qu'à considérer successivement tous les alinéas portant en marge une même rubrique. Exemple : le rapprochement de tous les alinéas précédés du mot *Châlons* donne l'historique succinct des opérations de l'armée du maréchal de Mac-Mahon.

En mentionnant les faits nous les avons classés chacun sous l'une des rubriques suivantes :

| | |
|---|---|
| *Politique*.... | Principaux actes ou faits politiques qui ont influé directement sur la lutte. |
| *Rhin*....... | Opérations de l'armée unique, commandée par Napoléon III, jusqu'au 12 août. |
| *Rhin-Metz*... | Opérations de Bazaine, du 13 août à la capitulation de Metz. |
| *Châlons*..... | Opérations de l'armée de Châlons, conduites par Mac-Mahon. |
| *Loire*....... | Opérations au sud de Paris, moins celles de la 2ᵉ armée de la Loire. |
| *2ᵉ Loire*..... | Opérations de l'armée de Chanzy. |
| *Nord*....... | Opérations dans le Nord et sur la basse Seine. |

*Est.........* Opérations dans les Vosges et dans le haut bassin du Rhône (Cambriels, Crouzat, Cremer, Garibaldi, Bourbaki et Clinchant).

*Paris.......* Opérations concernant le siège de la capitale.

*Places......* Opérations concernant les places fortes, moins Paris, Metz et Sedan.

*Mer........* Opérations maritimes.

Les événements de haute importance, ceux qui forment le canevas naturel du récit d'une guerre, sont indiqués en caractères gras ; ceux de moindre importance se lisent en caractères ordinaires ; enfin, les brèves notices qui suivent chaque alinéa sont imprimées en petits caractères. Cette disposition permet au lecteur de faire facilement et rapidement une nouvelle sélection, aussi bien dans l'ensemble que dans chaque série d'opérations et suivant les besoins du moment.

Quand il s'agit d'une rencontre, combat ou bataille, il est donné en principe les renseignements suivants : noms et grades ou fonctions des deux chefs militaires opposés qui commandaient réellement, *sur place ;* troupes ou fractions de corps de troupes engagées de part et d'autre ; résultats, conséquences et suites de la rencontre. Pour les batailles, il est donné en outre : 1° les effectifs des deux partis ; 2° un résumé des mouvements généraux assez complet pour permettre de se remémorer nettement les projets opposés et la manœuvre décisive.

Un index alphabétique, placé à la fin, facilite les recherches en renvoyant aux pages correspondantes du texte.

Si le lecteur n'a pas sous la main un atlas ou des cartes auxquels il soit habitué, nous lui conseillons de suivre le développement des événements, de préférence sur la carte au 500,000e, du dépôt des fortifications. Quatre feuilles suffisent : feuille VI pour *Rhin, Rhin-Metz* et *Châlons* et en partie *Est ;* feuille V pour *Paris, Loire* et 2e *Loire ;* feuilles V et II pour *Nord ;* feuilles VI et IX pour *Est.* La carte militaire de la frontière nord-est au 864,000e (une seule feuille) est également bonne pour l'étude des opérations des armées de l'Empire et d'une partie de celles de la Défense nationale, mais on n'y trouvera pas, comme dans la carte au 500,000ᵉ, tous les noms et détails topographiques mentionnés ici.

# TABLEAU-MEMENTO CHRONOLOGIQUE

## AVEC NOTICES EXPLICATIVES.

| | | |
|---|---|---|
| Politique | 3 juillet. | Les journaux français annoncent que **le prince Léopold de Hohenzollern**, parent du roi de Prusse, **est candidat au trône d'Espagne.** |
| Politique | 6 juillet. | Notre ministre des affaires étrangères, duc de Grammont, interpellé au sujet de cette candidature Hohenzollern, déclare à la tribune du Corps législatif que le gouvernement ne souffrira pas qu'une puissance étrangère place un de ses princes sur le trône de Charles-Quint et mette ainsi en péril les intérêts et l'honneur de la France. |
| Politique | 11 juillet. | Le prince Léopold retire sa candidature au trône d'Espagne. |
| Politique | 12 juillet. | Le gouvernement français demande que le roi de Prusse s'engage à ne pas autoriser de nouveau cette candidature, le cas échéant. |
| Politique | 13 juillet. | Le roi Guillaume approuve le désistement du prince Léopold, mais il refuse catégoriquement de prendre des engagements pour l'avenir. A l'ambassadeur français Benedetti, qui insiste pour obtenir une nouvelle audience, le roi fait répondre « qu'il n'a rien de plus à lui communiquer ». |
| Politique | 14 juillet. | **Rappel des réserves françaises.** — Vices et désordres de la mobilisation. Les portions actives des régiments sont jetées, sans leurs réservistes, vers la frontière nord-est, où l'on forme presque au hasard les unités plus fortes (brigades, divisions et corps d'armée), non constituées dès le temps de paix. Pénurie des approvisionnements. Mauvais emploi des chemins de fer. Énormes déchets dans les effectifs. Désarroi de l'administration. |
| Politique | 15 juillet. | **Le roi de Prusse ordonne la mobilisation** des forces militaires de la Confédération de l'Allemagne du Nord. |

| | | |
|---|---|---|
| Politique | 16 au 19 juillet. | Les Etats du Sud, Bade, Hesse, Bavière et Wurtemberg, se joignent à la Confédération du Nord et mobilisent leurs troupes. |
| Politique | 19 juillet. | Notre chargé d'affaires à Berlin, M. Le Sourd, remet au gouvernement prussien la **déclaration de guerre officielle** du gouvernement français. |
| Rhin. | 22 juillet. | Les Allemands font sauter le pont de Kehl, sur le Rhin, rive badoise, afin d'interdire aux troupes françaises un passage du fleuve qui aurait été protégé par la forteresse de Strasbourg. |
| Politique | 23 juillet. | Prorogation des Chambres françaises. |
| Rhin. | 23 juillet. | La mobilisation allemande est terminée dans chaque région territoriale de corps d'armée. Les transports de concentration commencent. Trois armées se groupent entre la Moselle à droite, et le Rhin à gauche : à l'ouest, I<sup>re</sup> armée, général Steinmetz, à hauteur de Trèves ; à l'est, III<sup>e</sup> armée, prince royal de Prusse, à hauteur de Landau ; au centre et un peu en arrière, II<sup>e</sup> armée, prince Frédéric-Charles, à hauteur de Kreuznach. Les fonctions de généralissime seront exercées sur place par le roi Guillaume, assisté du chef d'état-major général de Moltke. |
| Rhin. | 24 juillet. | Escarmouche de Schirlenhof (au sud de Reichshoffen), entre une reconnaissance du 12<sup>e</sup> chasseurs français (cavalerie du 5<sup>e</sup> corps) et celle du capitaine wurtembergeois von Zeppelin. Là est frappée mortellement la première victime française de la guerre, le maréchal des logis Pagnier, chevalier de la Légion d'honneur, médaillé militaire, du 12<sup>e</sup> chasseurs. |
| Mer. | 24 juillet. | Départ de Cherbourg, pour la Baltique, de la flotte du vice-amiral Bouet-Willaumez. — Dans l'esprit du gouvernement français, cette flotte précédait de quelques jours seulement l'escadre de transport qui devait emporter un corps de troupe de débarquement aux ordres du prince Napoléon (12<sup>e</sup> corps). |
| Politique | 27 juillet. | L'empereur Napoléon III quitte Paris, laissant la régence à l'impératrice Eugénie. — Il est accompagné de son fils, le prince impérial. |
| Rhin. | 28 juillet. | **L'empereur Napoléon arrive à Metz et y prend le commandement** de l'armée du Rhin. Péniblement rassemblée, celle-ci comprend sept corps, plus la garde, éparpillés le long de la frontière, des deux côtés des Vosges, de Belfort à Thionville. Le 6<sup>e</sup> corps, Canrobert, est encore au camp de Châlons. Effectifs : 260,000 hommes, 900 canons. Major général, maréchal Le Bœuf. <br> Le plan de campagne français impliquait l'offensive par la vallée du Mayn, de manière à séparer les deux Confédé- |

| | | |
|---|---|---|
| | | rations. Mais on ne se sent pas prêt, pas en état de pousser de l'avant. On attend. |
| Rhin. | 2 août. | **Le roi Guillaume arrive à Mayence et prend le haut commandement** des armées allemandes. Effectifs : 460,000 hommes, 1,500 canons. Les Allemands, ne nous voyant pas bouger, vont prendre l'offensive, à la fois sur la Lauter et sur la Sarre. |
| Rhin. | 2 août. | Reconnaissance et combat de Sarrebrück. En présence de l'Empereur et du prince Impérial, le 2e corps français, général Frossard, chasse facilement de Sarrebrück (rive gauche de la Sarre) les faibles fractions (4 bataillons) de la 31e brigade prussienne (VIIIe corps) qu'y commandait le général major von Gneisenau, habilement secondé par le lieutenant-colonel von Pestel (3 escadrons et une batterie). |
| Rhin. | 4 août. | **Invasion de l'Alsace** par la IIIe armée allemande.<br><br>**Bataille de Wissembourg.** — La 2e division du 1er corps français, général Abel Douay, occupait Wissembourg, sur la Lauter, et plus au sud les hauteurs du Geissberg. Se gardant très mal, elle est surprise par le gros de la IIIe armée (IIe Bavarois, Ve et XIe corps prussiens), prince royal de Prusse. Elle est battue et obligée de reculer sur Wœrth. Abel Douay est tué. 7,000 Français contre 40,000 Allemands. |
| Rhin. | 5 août. | L'Empereur donne le commandement supérieur des troupes d'Alsace, 1er, 5e et 7e corps au maréchal de Mac-Mahon ; celui des 2e, 3e et 4e corps, en Lorraine, au maréchal Bazaine. Le 6e corps et la garde restent sous son commandement direct. |
| Rhin. | 6 août. | **Bataille de Frœschwiller** (Wœrth ou Reichshoffen) (*).<br>Le 1er corps, Mac-Mahon, renforcé de la division Conseil-Dumesnil (7e corps), de la division de cavalerie de réserve de Bonnemains, et, à la fin de la journée, de la division Guyot de Lespart (5e corps), est écrasé sur la rive droite de la Sauer par la IIIe armée, prince royal de Prusse, qui a débordé ses deux ailes tout en la contenant de front. Charges infructueuses, mais très meurtrières, des cuirassiers dits « de Reichshoffen » à Morsbronn (brigade Michel) et Elsasshausen (division Bonnemains). Sont tués : général de division Raoult, généraux de brigade Colson et Maire. 46,000 Français contre 125,000 Allemands.<br>Suite et conséquences de cette défaite : les troupes d'Alsace reculent précipitamment jusqu'au camp de Châlons. La IIIe armée allemande franchit les Vosges et marche vers la Sarre et la Moselle, mais très lentement et en s'éclairant mal ; elle tend la main par sa droite à la IIe armée. |

(*) Les noms de bataille inscrits entre parenthèses sont ceux admis couramment en Allemagne.

| | | |
|---|---|---|
| Rhin. | 6 août. | **Bataille de Spicheren** (Forbach). — Le 2e corps français, général Frossard, est d'abord attaqué par des forces numériquement très inférieures, avant-garde (général-major von François) de la Ire armée, puis enveloppé par des forces supérieures, fractions des Ire et IIe armées mélangées qui accourent au canon (VIIe corps entier, moitié des VIIIe et IIIe, 5e et 6e divisions de cavalerie, fractions d'artillerie du Ier corps) et qui, à la fin de la journée, sont dirigées par Steinmetz. Bazaine ne secourt pas le corps Frossard ; celui-ci est battu de front, percé au centre et menacé d'être tourné à sa gauche. 30,000 Français contre 70,000 Allemands. <br><br> Toutes les troupes françaises de Lorraine reculent jusque sous Metz, suivies par les Ire et IIe armées allemandes qui se rattachent vers le sud à la IIIe. Steinmetz, pivot, marche directement sur Metz ; Frédéric-Charles, centre, sur Pont-à-Mousson ; le prince royal, aile marchante, sur Nancy : c'est une grande conversion à droite ayant pour objet de nous jeter vers le Nord. |
| Politique | 7 août. | Convocation extraordinaire des Chambres à Paris pour le 14 août d'abord, puis pour le 9 août. |
| Rhin. | 8 août. | Bombardement de Bitche par une batterie de campagne du IIe corps bavarois. Défenseur : chef de bataillon Teyssier. |
| Politique | 9 août. | Réunion des Chambres. **Chute du ministère Emile Ollivier**. — Séance pénible. L'opposition attribue hautement nos défaites à l'incapacité de l'Empereur et de son major général, maréchal Le Bœuf. L'Empire est sérieusement ébranlé. |
| Places. | 10 août. | Les Allemands occupent la Petite-Pierre, évacuée la veille par le petit détachement que commandait le sergent-major Bœltz, en l'absence du capitaine Mouton, du 96e de ligne. |
| Politique | 10 août. | Constitution d'un **nouveau ministère sous la présidence du général Cousin de Montauban, comte de Palikao.** |
| Places. | 10 août. | Bombardement et capitulation de Lichtemberg. Le sous-lieutenant Archer, du 96e, ne pouvant plus résister, a détruit son matériel militaire avant de négocier. Assaillant : général major von Hügel avec la 3e brigade wurtembergeoise. |
| Places. | 10 août. | Bombardement de Phalsbourg par l'artillerie de la division hessoise, aux ordres du général-major Haussmann. Pas de résultat. Défenseur : chef de bataillon Taillant. |
| Places. | 11 août. | Commencement de l'investissement de Strasbourg d'abord par la division badoise von Beyer et les garnisons des places rhénanes. S'y joignent les jours sui- |

| | | |
|---|---|---|
| | | vants : la division de landwehr de la garde von Lœn, la 1re division de réserve von Tresckow I, le tout aux ordres du lieutenant général von Werder. Effectifs allemands : 60,000 hommes. Défenseur : général de division Uhrich ; effectifs français : 23,000 hommes armés. |
| Rhin. | 12 août. | **Affaire de cavalerie à Pont-à-Mousson.** Le général Margueritte, avec le 1er chasseurs d'Afrique, enlève l'escadron de hussards de Brunswick, commandé par le capitaine von Thauvenay (de la 5e division de cavalerie). |
| Rhin. | 12 août. | **Affaire d'Ars-Laquenexy** entre des avant-postes du 2e corps français et les reconnaissances de la 13e brigade de cavalerie allemande, général-major von Rauch. |
| Rhin — Metz. | 12 août. | **Le maréchal Bazaine est nommé commandant en chef** de l'armée du Rhin (réunie sous Metz) : 2e, 3e, 4e corps et garde, plus le 6e corps, qui arrive en grande partie. Total : 180,000 rationnaires. Bazaine exerce ce commandement à partir du lendemain 13. L'opinion publique imputait nos défaites à l'incapacité militaire de Napoléon III et de son major général ; c'est pour lui donner satisfaction que l'Empereur se démet en faveur de Bazaine, mais il impose à ce dernier le général Jarras comme chef d'état-major général. La retraite sur Verdun est résolue. Elle doit commencer le lendemain 14 en deux grosses colonnes à partir de Gravelotte : 1° cavalerie de Forton, 2e, 6e corps et garde au sud, route Gravelotte-Mars-la-Tour ; 2° cavalerie du Barail, 3e et 4e corps au nord, route Gravelotte-Conflans. |
| Places. | 14 août. | **Capitulation de Marsal,** capitaine Leroy, à l'apparition des avant-gardes du IIe corps bavarois, général von Hartmann. |
| Rhin. | 14 août. | **Occupation de Nancy** par la 4e division de cavalerie allemande, prince Albrecht père, de la IIIe armée. Dès le 12, l'escadron de hussards du capitaine von Kleist (brigade von Redern), de la IIe armée, avait visité la ville sans y rencontrer un seul soldat français. |
| Rhin — Metz. | 14 août. | **Bataille de Borny** (Colombey-Nouilly), engagée inopinément par l'avant-garde (26e brigade, de Goltz) de la Ire armée, et livrée pendant que l'armée française se portait sur la rive gauche de la Moselle. 60,000 Français des corps Decaen et Ladmirault contre 60,000 Allemands de la Ire armée et fractions de la IIe armée commandés par Steinmetz. L'ennemi est repoussé, mais il nous a fait perdre une journée durant laquelle ses autres corps nous devancent et se portent vers les routes de Verdun pour nous couper la retraite. Le général Decaen est tué. |
| Places. | Nuit du 14-15 août. | **Tentative des Allemands sur Thionville** exécutée par la brigade Gneisenau, du VIIIe corps, que guidait un réserviste prussien ayant travaillé les jours précédents aux fortifications de la place. Celle-ci, colonel Turnier, repousse l'assaillant. |

| | | |
|---|---|---|
| Places. | 15 août. | **Premier bombardement de Strasbourg** effectué par l'artillerie badoise de campagne pour célébrer ironiquement la Saint-Napoléon. |
| Rhin — Metz. | 15 août. | **Canonnade de Montigny-Longeville** par l'artillerie de la 6ᵉ division de cavalerie, colonel von Gröben, sur nos colonnes en marche entre Metz et Gravelotte, rive opposée de la Moselle. |
| Rhin — Metz. | 15 août. | **Canonnade de Tronville-Mars-la-Tour** par l'artillerie de la 5ᵉ division de cavalerie, général-major von Redern, contre la division de cavalerie de Forton, qui est en tête de notre colonne de gauche, route de Verdun. Notre cavalerie se replie de Mars-la-Tour sur Vionville, sans riposter ni s'éclairer. |
| Politique | 16 août. | **L'Empereur quitte Metz.** — Il est accompagné de son fils et escorté par la brigade Margueritte, des chasseurs d'Afrique; il se rend au camp de Châlons en passant par Etain et Verdun. |
| Rhin — Metz. | 16 août. | **Bataille de Rezonville** (Vionville-Mars-la-Tour). — Le matin du 16, notre colonne du Sud, 2ᵉ, 6ᵉ corps et garde, est au repos entre Vionville et Gravelotte; elle attend que la colonne de gauche, retardée par la bataille du 14, arrive à sa hauteur. Elle est inopinément heurtée dans son flanc gauche par le IIIᵉ corps allemand et les 6ᵉ et 5ᵉ divisions de cavalerie, lieutenant-général von Alvensleben II. Célèbres charges de cavalerie : 1º françaises, cuirassiers de la garde et division Legrand; 2º allemandes, brigade Redern, brigade Bredow, dragons de la garde. Nous ne savons pas profiter de notre grande supériorité numérique, des débuts surtout. Les autres corps ennemis, Xᵉ devant notre droite, moitié des IXᵉ et VIIIᵉ devant notre gauche, arrivent successivement, ainsi que Frédéric-Charles de sa personne, au secours d'Alvensleben. La nuit venue, les deux armées adverses bivouaquent, avant d'avoir obtenu un résultat décisif, le long de la route, depuis Gravelotte jusqu'à Mars-la-Tour, les Français face au sud, les Allemands face au nord. 135,000 Français contre 90,000 Allemands. Tués : général de division Legrand, généraux de brigade de Brayer et Marguenat. Dans la nuit du 16-17, Bazaine prescrit à l'armée, contre toute attente, d'évacuer le champ de bataille pour venir prendre position en arrière, entre la Mance et le ruisseau de Châtel. Le maréchal prétexte le besoin d'évacuer les blessés sur Metz et de ravitailler l'armée en vivres et en munitions. |
| Places. | 16 août. | **Tentative infructueuse sur Toul** par le IVᵉ corps, général Alvensleben I, et la cavalerie du IIᵉ corps bavarois. Défenseurs : major Hück, 2,500 hommes. |
| Rhin — Metz. | 17 août. | **Combat des bois de Vaux.** Affaire traînante engagée par Steinmetz, avec la 14ᵉ division prussienne, contre la division Metman (du 3ᵉ corps), qui couvrait à notre gauche le mouvement rétrograde ordonné par Bazaine. |

| | | |
|---|---|---|
| Châlons. | 17 août. | **Constitution de l'armée de Châlons :** 4 corps, 1er, 5e, 7e et 12e, plus les deux divisions de cavalerie de réserve Margueritte et Bonnemains ; le maréchal de Mac-Mahon en est le commandant en chef. Bazaine est nommé généralissime des armées impériales et Trochu devient gouverneur militaire de Paris. Cette armée de Châlons doit en principe chercher à rejoindre Bazaine à Metz. |
| Rhin — Metz. | 18 août. | **Bataille de Saint-Privat** (Gravelotte-Saint-Privat). — La veille, les Ire et IIe armées allemandes se sont concentrées presque tout entières sur le champ de bataille du 16. Le roi Guillaume et de Moltke les dirigent face au nord à la recherche de l'armée française dont elles ont perdu le contact, puis ils les rabattent à droite quand ils nous découvrent sur les hauteurs au delà de la Mance. La Ire armée, Steinmetz, échoue devant notre gauche à Gravelotte, mais la IIe, Frédéric-Charles, réussit à Saint-Privat à déborder et à écraser, à la fin de la journée, notre aile droite, corps Canrobert, que Bazaine ne secourt pas et laisse manquer de munitions. 140,000 Français contre 200,000 Allemands. Fameux assauts de l'infanterie de la garde prussienne contre Sainte-Marie-aux-Chênes et Saint-Privat, défendus par le corps Canrobert. Recul de l'armée française sous les forts de Metz ; abandon implicite du projet de marche vers Verdun. |
| Rhin — Metz et Châlons. | 19 août. | Les Allemands forment une IVe armée, dite de la Meuse (IVe et XIIe corps, garde prussienne), aux ordres du prince royal Albert de Saxe ; effectif : 90,000 hommes. Les autres corps de la IIe armée, la Ire armée entière et les renforts arrivant d'Allemagne forment **l'armée d'investissement de Metz,** aux ordres du prince Frédéric-Charles. **Les IIIe** (150,000 h.) **et IVe armées** (en tout 240,000 h.) **vont marcher de concert vers l'Argonne,** sous la conduite du roi Guillaume et du général de Moltke. Le mouvement vers l'ouest commence dès le 19, l'aile gauche (IIIe armée) en avant. Celle-ci s'était arrêtée sur la haute Moselle pendant les grandes batailles sous Metz. |
| Châlons. | 21 août. | L'armée de Mac-Mahon quitte le camp de Châlons pour Reims. Décision bâtarde : on hésite entre la direction de Paris, la meilleure au point de vue purement militaire, et celle de Metz, préférable au point de vue politique. |
| Châlons. | 23 août. | **L'armée de Châlons quitte Reims et marche vers l'Argonne et la Meuse,** à la rencontre de Bazaine. Effectif : 140,000 hommes. Mac-Mahon a pris cette décision à la réception d'une dépêche de Bazaine datée du 19, l'informant que l'armée de Metz se dispose à marcher vers les places du nord, direction de Montmédy. |

| | | |
|---|---|---|
| Places. | 23 août. | **Commencement du bombardement de Strasbourg** par l'artillerie de siège de Werder. |
| Places. | 24 août. | **Infructueuse attaque des Allemands sur Verdun** par le prince Georges de Saxe à la tête du XII<sup>e</sup> corps et de la 5<sup>e</sup> division de cavalerie. Défenseur : général de brigade Guérin de Waldersbach. Les divisions saxonnes franchissent alors la Meuse loin de la place, la 23<sup>e</sup> division à Bras en aval, la 24<sup>e</sup> en amont à Dieue. |
| Places et Châlons. | 25 août. | **Reddition de Vitry**, commandant Terquem, sans combat, à la 4<sup>e</sup> division de cavalerie, prince Albrecht père. Les mobiles de la garnison, environ un millier, ont quitté la place; mais ils sont faits prisonniers, à Sivry, par la cavalerie ennemie. C'est la première rencontre entre mobiles et Allemands. |
| Châlons. | 25 août. | **Massacre de Passavant.** — Le 15<sup>e</sup> uhlans et le 16<sup>e</sup> hussards, de la 6<sup>e</sup> division de cavalerie allemande, prince Guillaume de Mecklembourg, chargent les mobiles désarmés capturés à Sivry, sous prétexte que quelques-uns de ceux-ci ont voulu fuir; ils en tuent ou blessent grièvement 130. |
| Rhin — Metz. | 26 août. | **Sortie de Lauvallier-Noisseville.** — Tentative peu sérieuse de Bazaine pour percer sur Thionville, rive droite, et de là gagner Montmédy et autres places du Nord. Un violent ouragan arrête le combat engagé entre les 3<sup>e</sup> et 4<sup>e</sup> corps français d'une part, et les troupes de Manteuffel (I<sup>er</sup> corps et division Kümmer), d'autre part. Grand conseil de guerre de Grimont : Bazaine conclut que l'armée française doit rester à Metz. Les troupes sont en conséquence ramenées dans leurs bivouacs. |
| Châlons. | 26 août. | **Les IV<sup>e</sup> et III<sup>e</sup> armées allemandes font à droite et marchent face au nord,** des deux côtés de l'Argonne. La veille, elles formaient face à l'ouest deux gros échelons qui marchaient vers Châlons et Paris : 1° la IV<sup>e</sup> à droite, sur l'Aire; 2° la III<sup>e</sup> à gauche et en avant, à hauteur de Vitry. Les indiscrétions de la presse française, puis la cavalerie d'exploration, décèlent la marche de Mac-Mahon sur leur flanc droit. Elles font alors à droite, la IV<sup>e</sup> armée devenant échelon avancé entre l'Aire et la Meuse. Elles vont essayer de couper les devants, sur l'une ou l'autre rive de la Meuse, à l'armée de Châlons.<br>Marche ondoyante de Mac-Mahon : lenteurs causées par l'indiscipline et l'inexpérience des troupes, par la mauvaise administration et par les hésitations ou erreurs du commandement. Le 26, l'aile droite, Félix Douay, est en contact avec les coureurs de la cavalerie ennemie; alarmes exagérées. L'armée se prépare à une bataille face au sud, puis elle reprend sa marche au nord-est. |
| Châlons. | 27 août. | **Affaire de cavalerie de Buzancy,** entre le 12<sup>e</sup> chasseurs (de la division Brahaut, corps de Failly) et la 24<sup>e</sup> brigade saxonne, général-major Sennft von Filsach. Les cavaliers allemands sont repoussés, mais ils conservent le |

contact, et n'en restent pas moins très entreprenants, tandis que nous piétinons sur place. Les mouvements de l'armée de Mac-Mahon sont de plus en plus lents et décousus. Pas de nouvelles de Bazaine. Ordre de marcher sur Mézières le lendemain; contre-ordre le 28 au matin.

| | |
|---|---|
| Châlons. 29 août. | **Combats de Nouart-Bois-des-Dames**, entre le corps de Failly en marche pour Stenay et le XIIe corps, prince Georges de Saxe, arrivant dans notre flanc droit entre l'Argonne et la Meuse. De Failly se replie au nord à travers bois, par une nuit orageuse et très noire, pour atteindre Beaumont. Les Allemands nous suivent à notre insu. |
| Châlons. 30 août. | **Combats de Stonne**, entre les arrière-gardes en désordre des divisions Dumont et Liébert, du corps Félix Douay, et la cavalerie de la IIIe armée allemande, prince royal de Prusse. La marche désordonnée du 7e corps ressemble à une déroute. |
| Châlons. 30 août. | **Bataille de Beaumont et combat de Warniforêt**, entre le corps de Failly, la division Conseil-Dumesnil, du 7e corps, et des fractions du 12e corps, d'une part; la IVe armée, prince royal de Saxe, et le 1er bavarois (IIIe armée) d'autre part. Le corps de Failly a été surpris dans ses bivouacs en plein jour, à midi: il est désorganisé; ses débris passent la Meuse en désordre à Mouzon, sous la protection peu efficace du 12e corps, qui est depuis la veille sur la rive droite. La division Conseil-Dumesnil, très éprouvée, est poursuivie par le 1er bavarois; elle rejoint vers Raucourt son commandant de corps, Félix Douay, qui n'a pas jugé à propos d'intervenir dans la bataille livrée à quelques kilomètres sur sa droite. 30,000 Français contre 70,000 Allemands. Tué: général de brigade Morand. Dans la nuit du 30-31, toute l'armée française réussit à franchir la Meuse, tant à Mouzon qu'à Villers, Remilly et Torcy. Elle est hors d'état de combattre; le 7e corps s'est enfui pour son compte jusqu'à Sedan. Mac-Mahon, déjà à Carignan avec les 3 autres corps, renonce au mouvement vers Metz et se replie sur Sedan par les deux rives du Chiers: il ignore la situation vraie et croit n'avoir à sa suite que des forces numériquement inférieures aux siennes. |
| Châlons. 31 août. | **Premier combat de Bazeilles** entre le 12e corps, Lebrun, établi entre la Meuse, Sedan et la Givonne, et le 1er bavarois, von der Thann, arrivant le long de la rive gauche. Von der Thann reste maître du pont de Bazeilles, que nous n'avons pas détruit, et des abords de la rivière, sur laquelle il jette des ponts militaires, à Aillicourt. |
| Châlons. 31 août. | **Combats de Flize et Yvernaumont**, entre des pointes du 13e corps, Vinoy, qui commence à arriver à Mézières (venant de Paris), et des fractions de la division wurtembergeoise, lieutenant général prussien von Obernitz, et de la 6e division de cavalerie. Les Français réussissent à détruire le pont de Flize. |

| | | |
|---|---|---|
| Châlons. | 31 août. | **Escarmouches** de Carignan-Pouru-Douzy-Francheval-Rubécourt, entre le 1er corps, Ducrot, qui couvre la retraite le long du Chiers, et les avant-gardes du XIIe corps et de la garde prussienne (IVe armée). |
| Rhin — Metz. | 31 août, 1er sept. | **Bataille de Noisseville** (Servigny-Sainte-Barbe). — Bazaine renouvelle mollement sa tentative du 26. Il veut faire sa trouée par le plateau de Sainte-Barbe, à l'est, puis se rabattre de là au nord. Mesures préliminaires négligées ou mal prises : nous ne pouvons percer le premier jour. Pendant la nuit, les Allemands de la rive gauche (IIe armée) traversent la Moselle en amont et en aval, renforcent Steinmetz et Manteuffel (Ire armée) sur leurs deux flancs, et menacent nos propres ailes. Bazaine ordonne la retraite sous le canon du camp retranché. Tué le 31 : général de division Manèque. Le 1er septembre : 100,000 Français contre 70,000 Allemands. Bazaine renonce à tenter dorénavant de grandes sorties : il n'autorise plus que des actions partielles, des opérations secondaires de ravitaillement, des fourrages. |
| Châlons. | 1er sept. | **Bataille de Sedan.** — 125,000 Français contre 230,000 Allemands. L'armée de Mac-Mahon, entassée sous Sedan, y est écrasée entre les armées allemandes, qu'y amènent le roi de Prusse et de Moltke, IVe armée par la rive droite, IIIe armée par la rive gauche de la Meuse. La droite de la IIIe armée, Bavarois, nous contient au sud, à Bazeilles, pendant que ses autres corps franchissent la Meuse à Donchery pour nous barrer à l'ouest l'espace entre la rivière et la frontière belge ; la IVe armée exécute à l'est une opération analogue le long de la Givonne. Toutes deux se donnent la main au calvaire d'Illy : le cercle est fermé. Commandements successifs de Mac-Mahon, de Ducrot, de Wimpfen : bataille sans direction ni but. L'empereur ordonne de négocier : il écrit au roi de Prusse pour se déclarer son prisonnier. Suspension du feu pendant les négociations. Tués : généraux de division Margueritte et Guyot de Lespart ; généraux de brigade Tilliard, Girard, Liédot. |
| Châlons. | 2 sept. | **Capitulation de Sedan** conclue dans la matinée entre Wimpfen et de Moltke : toute l'armée est prisonnière de guerre. En attendant son évacuation sur les forteresses de l'Allemagne, elle est entassée dans la presqu'île d'Iges. L'empereur, captif, part pour Wilhemshöhe, près Cassel, en traversant la Belgique. Les jours suivants, les IIIe et IVe armées allemandes reprennent tranquillement cette marche vers Paris qu'elles ont interrompue le 26 août. |
| Châlons - Paris. | 2 sept. | **Combats de Saulce-Vaucelles-Launois.** D'une part, la division Blanchard, du corps Vinoy, qui, à la nouvelle de Sedan, a évacué Mézières et cherche en toute hâte à regagner Paris ; d'autre part, les 5e et 6e divisions de cavalerie, lieutenant-général von Rheinbahen. Simples affaires d'arrière-gardes. |

| | | |
|---|---|---|
| Places. | 2-3 sept. | Sous Strasbourg : sorties. Sorties tardives de l'assiégé et tentatives infructueuses contre les travaux réguliers de l'assiégeant ; celui-ci arrive avec ses cheminements à 350 mètres des glacis. |
| Châlons - Paris. | 3 sept. | Combat de Chaumont-Porcien entre les arrière-gardes de Vinoy et la 12e division d'infanterie allemande, lieutenant-général von Hoffmann.<br>Vinoy réussit, en forçant la marche, à échapper aux Allemands : il rallie à Laon les 3 divisions de son 13e corps (Blanchard venant de Mézières, d'Exea venant de Reims, Maud'huy qui n'a pas dépassé Laon) et arrive heureusement à Paris le 9 septembre. |
| Politique | 4 sept. | A la nouvelle des événements de Sedan, **Proclamation de la République à Paris ; dissolution des Chambres ;** fuite de l'Impératrice-Régente en Angleterre. Les députés de Paris s'érigent eux-mêmes en un **Gouvernement de la Défense nationale** dont le général Trochu accepte la présidence, tout en restant gouverneur de Paris et commandant des forces militaires. |
| Places. | 5 sept. | Infructueuse attaque sur Montmédy par le général-major prince Kraft de Hohenlohe, à la tête d'un fort détachement de la garde prussienne : une brigade d'infanterie, une brigade de cavalerie et un régiment d'artillerie. Défenseur : capitaine Reboul. L'ennemi s'éloigne le même jour. |
| Places. | 9 sept. | Capitulation de Laon. Cédant à la pression de la population, le général Théremin d'Hame se rend, sans avoir combattu, à la 6e division de cavalerie, prince Guillaume de Mecklembourg. Explosion, due à une cause restée ignorée, d'une poudrière de la citadelle, au moment de l'échange. Sont blessés : 200 Français et 100 Allemands, parmi lesquels les deux généraux Mecklembourg et Théremin ; ce dernier succombe à sa blessure. |
| Politique | 12 sept. | **Une Délégation du gouvernement s'établit à Tours.** — Le gouvernement a résolu de rester dans Paris, dont le siège est imminent. Délégation en province chargée d'administrer les départements : Crémieux, Glais-Bizoin et le vice-amiral Fourichon. Ce dernier, assisté du général Lefort (délégué à la guerre), est à la fois ministre de la guerre et de la marine. |
| Places. | 14 sept. | Infructueuse attaque sur Soissons exécutée, en passant, par le prince royal de Saxe (IVe armée), en marche vers Paris. |
| Paris. | 17 sept. | **Arrivée des IIIe et IVe armées allemandes sous Paris** et commencement de l'investissement. La IIIe armée tiendra la rive gauche de la Marne et de la Seine, depuis Noisy-le-Grand jusqu'à Saint-Germain, en passant par Villeneuve-Saint-Georges et par Versailles ; la IVe, rive droite, s'étendra à l'est et au nord, depuis |

| | | |
|---|---|---|
| | | Noisy-le-Grand jusqu'à la boucle d'Argenteuil-Saint-Germain et Croissy, par le Raincy-Bondy-hauteurs de Montmorency.<br>Effectifs allemands au début : 150,000 hommes.<br>Effectifs des défenseurs : 550,000 hommes armés, dont 90,000 de troupes actives, 135,000 mobiles, 320,000 gardes nationaux sédentaires, corps francs, etc..... Deux corps d'armée à peu près complètement organisés : 13e, général Vinoy ; 14e, général Renault. |
| Paris. | 17 sept. | **Combat de Montmesly** entre la division d'Exea, du corps du général Vinoy, et les avant-gardes et flanc-gardes du Ve corps prussien, général von Kirchbach. Résultat insignifiant : les Allemands, en train de franchir la Seine à Villeneuve, Juvisy et Corbeil, n'interrompent pas leur mouvement. |
| Paris. | 18 sept. | **Affaire de Grange-Dame-Rose** entre l'avant-garde de la 18e brigade prussienne (un régiment d'infanterie, deux pelotons et une batterie), colonel von Flottow, en marche sur Versailles, d'une part ; et le 4e zouaves de marche, colonel Méric, avant-postes et aile droite de la division Caussade. Après un simulacre de combat, les zouaves lâchent pied et s'enfuient en laissant une compagnie prisonnière. |
| Politique | 19-20 sept. | **Négociations de Ferrières** (au sud de Lagny-sur-Marne). — Jules Favre, ministre des affaires étrangères, se rend de son propre mouvement au quartier général allemand pour offrir de traiter. Exigences formulées par Bismarck : cession de territoires, reddition des places fortes du pays envahi, grosse indemnité de guerre, etc..... Impossibilité de s'entendre : les négociations sont rompues. Dans sa proclamation du 21 septembre, le gouvernement déclare qu'il ne cédera « ni un pouce de notre territoire, ni une pierre de nos forteresses ». |
| Politique | 19 sept. | **A Paris, la garde nationale mobile procède à l'élection de ses officiers.** — Procédé de nomination imité de la Révolution et rétabli par décret du gouvernement en date du 16 septembre. Tandis que les mobiles votaient, les troupes actives étaient aux prises avec les Allemands. Deux mois plus tard, le droit de nomination sera repris par le Pouvoir (19 décembre). |
| Paris. | 19 sept. | **Combat de Châtillon** entre le 14e corps français, général Renault, dirigé par Ducrot, et le prince royal de Prusse, qui engage le Ve corps, le IIe bavarois et la 2e division de cavalerie. Ducrot a voulu contrarier la longue marche de flanc qu'exécute la IIIe armée, de Villeneuve vers Versailles, mais il n'a que des moyens insuffisants. Défaite française ; abandon des redoutes de Châtillon, des Hautes-Bruyères et du Moulin-Saquet, et retraite précipitée derrière la fortification permanente. Le gouvernement et la population craignent un assaut immédiat auquel ne songent |

nullement les Allemands, qui se contentent de fortifier leurs positions d'investissement.

Six divisions de cavalerie allemande (de la garde, 2e, 4e, 5e, 6e et 12e), appuyées par des fractions d'infanterie, rayonnent à grande distance autour de Paris, afin de protéger l'investissement contre les tentatives de l'extérieur.

| | | |
|---|---|---|
| Paris. | 19 sept. | **Escarmouches** de Stains-Pierrefitte entre des corps francs établis dans le camp retranché de Saint-Denis et l'avant-garde du prince royal de Saxe, 8e division d'infanterie. |
| Rhin — Metz. | 22 sept. | **Combats de Lauvallier et de la Grange-aux-Bois.** — Fourrages heureux exécutés par le 3e corps, maréchal Le Bœuf, luttant contre des fractions des Ier et VIIe corps allemands, dirigées par Manteuffel. |
| Paris. | 22-23 sept. | **Combats heureux de Villejuif** engagés par Vinoy avec la division Maud'huy contre les troupes avancées du VIe corps, 12e division, lieutenant-général von Hoffmann. Nous réoccupons les Hautes-Bruyères et le Moulin-Saquet, prématurément évacués le 19. |
| Rhin — Metz. | 23 sept. | **Combats de Vany-Chieulles-Peltre.** — Fourrages restés infructueux tentés à Vany-Chieulles par le 3e corps, à Peltre par le 2e. Manteuffel nous contient avec son Ier corps, des fractions du VIIe et de la division de réserve von Kümmer. |
| Places. | 23 sept. | **Capitulation de Toul.** — Défenseurs : major Hück et 2,500 hommes. Assaillant : grand-duc de Mecklembourg avec son XIIIe corps (17e division et 2e division de réserve). |
| Loire. | 25 sept. | **Affaire** de Bazoches-les-Gallerandes (entre Artenay et Pithiviers); d'une part, des partis de francs-tireurs; d'autre part, la 4e division de cavalerie, prince Albrecht père. |
| Places. | 26 sept. | **Deuxième bombardement de Verdun** par des détachements de la Ire armée et des troupes d'étapes aux ordres du lieutenant-général von Bothmer. La garnison s'est renforcée de nombreux échappés de Sedan ; la place riposte vigoureusement et ne faiblit pas. |
| Rhin — Metz. | 27 sept. | **Combats de Peltre, de Ladonchamps et de Colombey.** — Fourrages infructueux : affaire de Peltre, la plus sérieuse, conduite par la brigade Lapasset (du 2e corps), échoue par la trahison d'un espion; de Ladonchamps, par les divisions Tixier et Levassor, du corps Canrobert; de Colombey, par la division Montaudon, du corps Le Bœuf. |
| Places. | 28 sept. | **Capitulation de Strasbourg** aux conditions de Sedan. Les travaux réguliers de l'assiégeant allaient lui permettre bientôt de donner l'assaut au corps de place. Ville presque détruite, incendiée par les bombes : 24 maisons seulement complètement indemnes. Pertes de la popu- |

| | | |
|---|---|---|
| | | lation civile : 300 tués et 1100 blessés, trois fois plus que n'en aura Paris. |
| Paris. | 30 sept. | **Combats de l'Hay-Chevilly-Thiais-Choisy.** — Grande reconnaissance offensive du général Vinoy avec le 13e corps, entre Seine et Bièvre. Objectif principal : détruire le pont qu'on supposait établi sur la Seine à Choisy. Colonnes Dumoulin, Guilhem et Blaise sur l'Hay, Chevilly et Thiais-Choisy ; diversions sur les flancs à Châtillon et Créteil. Nous enlevons les avant-postes, mais nous échouons devant la ligne de résistance plus en arrière, sur laquelle le prince royal nous oppose le VIe corps et des fractions du IIe bavarois. Retraite sur le plateau de Villejuif. Tué devant Chevilly : général de brigade Guilhem. |
| Paris. | 30 sept. | **Combat de Maule** (près Saint-Germain-en-Laye), entre des corps francs d'une part ; le gros de la 5e division de cavalerie, général-major von Bredow, et des fractions d'infanterie du Ier bavarois, d'autre part. |
| Rhin — Metz. | 1er oct. | **Combat de Lessy.** — Tentative sans résultat appréciable, dirigée vers Châtel, par la division Lorencez (corps Ladmirault) contre les avant-postes du IXe corps. |
| Rhin — Metz. | Nuit du 1er-2 octobre. | **Combat de Ladonchamps.** — La division Levassor-Sorval, dirigée par Canrobert, enlève le château de Ladonchamps à la division de réserve Kümmer. |
| Loire. | 4 oct. | **Affaire** d'Epernon (route de Rambouillet à Chartres) entre des gardes nationaux et mobiles d'une part ; et la 15e brigade de cavalerie, colonel von Alvensleben, soutenue par des fractions d'infanterie du Ier bavarois, d'autre part. |
| Loire. | 5 oct. | **Combat de Pacy-sur-Eure,** entre les mobiles du général Delarue, commandant du corps de l'Eure en formation à Vernon et Evreux, et des fractions de la 5e division de cavalerie commandées par le général-major von Bredow. |
| Loire. | 5 oct. | **Escarmouches** de Toury (route de Paris à Orléans). Simple canonnade sans résultat appréciable, entre la 4e division de cavalerie allemande, prince Albrecht, et celle du général Reyau qui couvre les nouvelles troupes françaises en voie d'organisation autour et au sud d'Orléans (15e corps). |
| Est. | 5 oct. | **Combat de Raon-l'Etape** (Vosges), entre la brigade badoise du général-major von Degenfeld, et les troupes du général Dupré (du corps des Vosges), 2 brigades de mobiles et corps francs. Les Français se replient. Ils sont suivis dans la région vosgienne par le XIVe corps, général von Werder, que la reddition de Strasbourg vient de rendre disponible. |
| Est. | 6 oct. | **Combats d'Etival-Nompatelize-la Bourgonce.** — Mêmes troupes et mêmes résultats qu'à Raon-l'Etape. |

| | | |
|---|---|---|
| Rhin — Metz. | 7 oct. | **Combats des Maxes, des Tapes, de Ladonchamps, de Sainte-Agathe et Bellevue.** — Opération de ravitaillement très importante, mais aussi très meurtrière, dirigée par Bazaine lui-même et exécutée par la garde et le corps Canrobert contre les Ier, VIIe, IIIe et Xe corps allemands; diversions du corps Le Bœuf, à droite, sur Vany-Mey-Lauvallier, du corps Ladmirault, à gauche, vers Woippy-Vigneulles. |

Après de premiers succès contre les avant-postes, nous échouons devant les lignes fortifiées, positions organisées, de l'adversaire. La retraite est ordonnée et l'opération reste sans résultat appréciable. Tué : général de brigade Gibon.

C'est la dernière affaire. Encore 20 jours, les vivres seront épuisés, et Bazaine capitulera. Dans l'intervalle, intrigues de l'agent Régnier ; missions de Bourbaki, puis du général Boyer auprès de l'Impératrice en Angleterre, ensuite du général Boyer au quartier général allemand à Versailles.

| | | |
|---|---|---|
| Loire. | 7-8 oct. | **Affaires d'Ablis** (au nord-est de Chartres). — Le 7, un parti de francs-tireurs surprend à Ablis un détachement fort d'une compagnie bavaroise et un escadron, et emmène 70 prisonniers. |

Le lendemain, le général-major von Schmidt, à la tête de la 6e division de cavalerie, réoccupe et incendie Ablis.

| | | |
|---|---|---|
| Loire. | 8 oct. | **Escarmouches** de Marolles (au sud d'Etampes), entre des corps francs et la 2e division de cavalerie, lieutenant-général von Stolberg. |

| | | |
|---|---|---|
| Nord. | 8 oct. | **Attaque, restée infructueuse, de Saint-Quentin** par la colonne allemande du colonel von Kahlden composée d'un régiment de cavalerie et de deux compagnies d'infanterie. La ville était défendue par la garde nationale sédentaire que dirigeait le préfet de l'Aisne, Anatole de la Forge. |

| | | |
|---|---|---|
| Nord. | 9 oct | **Combat de Gisors.** — Défense infructueuse de la ville par les habitants et par quelques compagnies de mobiles du corps Gudin, en formation à Rouen, contre la colonne du général-major prince Albrecht (fils) : 2 brigades de cavalerie soutenues par des fractions d'infanterie. |

| | | |
|---|---|---|
| Est. | 9 oct. | **Affaires de Rambervillers.** — La garde nationale sédentaire, commandée par le major Petitjean, dispute l'entrée de la ville à la colonne du major von Barkfeld, fraction du XIVe corps. |

| | | |
|---|---|---|
| Loire. | 9-10 oct. | **Combats d'Angerville - Creusy - Artenay - la Croix-Briquet.** — Le grand état-major allemand, croyant à une organisation plus sérieuse de l'armée de la Loire, dirige sur Orléans le général von der Thann avec une fraction d'armée détachée du siège de Paris et comprenant : le Ier corps bavarois, la 22e division d'infanterie, les 2e et 4e divisions de cavalerie. Le général de la Motterouge, com- |

| | | |
|---|---|---|
| | | mandant du 15e corps, ne s'attend pas à cette offensive : il n'a pas ses troupes sous la main. Les divisions d'infanterie Peytavin et de cavalerie Reyau cèdent à la poussée enveloppante de l'adversaire en se défendant très mollement. |
| Politique | 10 oct. | **Gambetta, parti de Paris en ballon le 7, arrive à Tours.** — Ministre de l'intérieur, il supplante en fait ses vieux collègues Crémieux et Glais-Bizoin. Fourichon ayant démissionné, Gambetta se charge du ministère de la guerre ; il s'adjoint M. de Freycinet comme délégué à la guerre. Pendant quatre mois, il va exercer dans les départements une véritable dictature, lever, équiper et armer près d'un million d'hommes qui, malheureusement, ne sont pas des *soldats*. |
| Est. | 11 oct. | Combats de Brouvelieures et Bruyères (Vosges), livrés par le corps des Vosges du général Cambriels, 3 brigades de mobiles et francs-tireurs, à la brigade badoise du général-major Keller.<br>Cambriels, battu, quitte la région vosgienne et se replie vers Besançon, où il va renforcer et réorganiser son armée des Vosges.<br>Le XIVe corps allemand, Werder, le suit et descend dans la vallée de la Saône. |
| Places. | Nuit du 10-11 oct. | Heureux coup de main de la garnison de Montmédy sur Stenay. — Trois petites colonnes, conduites par les lieutenants Camiade, Pillières et de Lort-Sérignan, en tout 250 hommes environ, surprennent la garnison allemande de Stenay et font prisonniers 250 Allemands, parmi lesquels le colonel commandant d'étapes et 4 autres officiers. |
| Loire. | 11 oct. | **Combats autour d'Orléans et première occupation de la ville par les Allemands.** — Les troupes de la Motterouge, dispersées et mal dirigées, sont refoulées par celles de von der Thann au cours d'une multitude de petites affaires engagées sur la route, dans la forêt et jusque dans les faubourgs nord de la ville. Finalement, le 15e corps français abandonne Orléans et continue sa retraite sur la rive gauche de la Loire, dans la direction de Salbris. |
| Est. | 12 oct. | Combats d'Epinal entre l'arrière-garde de Cambriels et le gros de la division badoise, lieutenant-général von Glümer. |
| Loire. | 12 oct. | **Le général d'Aurelle de Paladines prend à Salbris le commandement des troupes de la Loire,** en remplacement du général de la Motterouge, destitué par Gambetta.<br>Réorganisation des 15e et 16e corps et préparatifs d'offensive par la rive droite de la Loire, sur la direction Blois-Coulmiers-Artenay.<br>Objectif exclusif et direct des armées de province jusqu'à la fin de 1870 : débloquer Paris. |

| Paris. | 13 oct. | **Combats de Bagneux-Châtillon-Clamart.** — Reconnaissance conduite par Vinoy avec la division Blanchard, du 13ᵉ corps, et la brigade la Charrière, du 14ᵉ. Nous ne réussissons pas à vaincre la résistance que le IIᵉ bavarois, général von Hartmann, nous oppose dans ces trois localités. La retraite est ordonnée par Trochu lui-même. |
| Places. | 13, 14, 15 oct. | **3ᵉ bombardement de Verdun** par le corps de siège aux ordres du général-major von Gayl, successeur de Bothmer. La place continue de résister. Le bombardement est suspendu, mais les batteries de l'ennemi ne sont pas désarmées. |
| Places. | 15 oct. | **Capitulation de Soissons,** après une résistance mal dirigée et trop peu prolongée. Défenseurs : lieutenant-colonel de Noue, 5,000 hommes. Assaillant : grand-duc de Mecklembourg et gros du XIIIᵉ corps. |
| Loire. | 18 oct. | **Défense de Châteaudun** par un millier de francs-tireurs et gardes nationaux, que commande le lieutenant-colonel Lipowsky, contre la colonne du général-major von Wittich, 22ᵉ division d'infanterie et 4ᵉ division de cavalerie. Pour punir la ville de sa résistance, Wittich la saccage de sang-froid après le combat, et l'incendie en partie au pétrole. |
| Places. | 20 oct. | **Sous Verdun : combat de la côte Saint-Michel.** — Deux compagnies, sorties de la place, surprennent la grand'garde allemande préposée à la garde des batteries du dernier bombardement, enclouent 15 pièces et font 50 prisonniers. |
| Est. | 21 au 24 oct. | **Combats sur l'Ognon** (aux abords nord de Besançon) : Etuz, Voray, Châtillon-le-Duc, Auxon, Ecole. Entre l'armée des Vosges, général Cambriels, et le gros du XIVᵉ corps, général von Werder. Celui-ci, ne prévoyant pas une résistance aussi énergique, avait cru pouvoir enlever Besançon d'un coup de main ; déçu dans son espoir, il se reporte dans la vallée de la Saône et vers Dijon.<br>Le mois suivant, Cambriels, malade, est remplacé par Crouzat ; le gros de l'armée des Vosges devient le 20ᵉ corps, lequel est appelé vers la Loire.<br>Deux autres corps indépendants se forment dans la région : division Cremer à Beaune, corps Garibaldi à Autun. Ce dernier corps reprendra plus tard la dénomination d'armée des Vosges, en décembre. |
| Paris. | 21 oct. | **Combat de la Malmaison,** engagé par Ducrot avec les meilleurs éléments du 14ᵉ corps, colonnes Berthaut, Noël et Cholleton, contre le Vᵉ corps, général von Kirchbach, et la division de la landwehr de la garde. Comme d'habitude, premiers succès sur la ligne des avant-postes, échec sur la ligne de résistance, puis retraite. |

2

| | | |
|---|---|---|
| Nord. | 21 oct. | **Retour offensif des Allemands sur Saint-Quentin** et occupation de la ville par la colonne, renforcée, du colonel von Kahlden : fractions de la 2e division de landwehr et de la 17e division, en tout 3 régiments de cavalerie et 3 bataillons. |
| Places. | 24 oct. | **Capitulation de Schlettstadt,** consentie précipitamment par le commandant supérieur, chef de bataillon de Reinach, à cause d'une sédition populaire et militaire. Assaillant : général-major von Schmeling, avec le gros de la 4e division de réserve et des fractions de la 1re. |
| Loire. | 25 oct. | **Combat de Binas,** lisière de la forêt de Marchenoir, derrière laquelle se concentrent les troupes de l'armée de la Loire. Affaire d'avant-postes de la compagnie des francs-tireurs de Saint-Denis, 38 hommes, commandant Liénard, contre une forte reconnaissance de la 2e division de cavalerie, lieutenant général von Stolberg. Les francs-tireurs sont tous, ou tués, ou grièvement blessés, à leur poste. |
| Loire. | 26 oct. | **Escarmouche** d'Anet (au nord de Dreux) entre des corps irréguliers et la 6e division de cavalerie, général-major von Schmidt. |
| Rhin — Metz. | 27 oct. | **Capitulation de Metz,** conclue à Frescaty (au sud de Metz), quartier général du prince Frédéric-Charles, entre les deux chefs d'état-major, général Jarras et général-major von Stiehle ; ratifiée le lendemain par les deux commandants en chef, Bazaine et Frédéric-Charles. Conditions : reddition de la place, des forts et de tout le matériel de guerre, y compris les drapeaux ; l'armée, prisonnière de guerre, sera emmenée en captivité en Allemagne. |
| Rhin — Metz. | 28 oct. | **Désarmement de l'armée de Metz.** — Les jours suivants, elle est emmenée en captivité en Allemagne ; elle y laissera à elle seule 11,000 morts, alors qu'elle n'a perdu que 4,000 tués depuis le commencement de la campagne jusqu'au 28 octobre. |
| Places. | 28 oct. | **Sous Verdun : combats de Belleville et de Glorieux.** — Nouvelle sortie heureuse de la garnison, menée simultanément par les deux rives de la Meuse. Les Allemands sont définitivement chassés de Belleville et Glorieux, leurs postes avancés ; ils perdent une centaine d'hommes, et nous mettons encore 12 pièces hors de service. |
| Paris. | 28 oct. | **Premier combat du Bourget.** — Le bataillon parisien des francs-tireurs de la Presse, commandant Roland, du corps de Saint-Denis (général Carré de Bellemarre), surprend les postes du Bourget et chasse de cette localité les grand'gardes de la 4e brigade de la garde prussienne. |
| Nord. | 28 oct. | **Combat de Formerie** (entre Amiens et Rouen). — Le corps de l'Andelle, général Briand, remporte un petit |

| | | |
|---|---|---|
| | | succès sur le détachement du général-major Sennft von Pilsach : une brigade de cavalerie saxonne et des fractions d'infanterie et d'artillerie de la garde prussienne (IV° armée). |
| Rhin — Metz. | 29 oct. | **Occupation de Metz par les Allemands.** — Est nommé gouverneur de la ville : le lieutenant-général von Kümmer. La II° armée, Frédéric-Charles, est immédiatement dirigée vers le centre de la France, contre les formations nouvelles de la Défense nationale. La I°, Manteuffel, évacue d'abord les prisonniers ; puis elle assiège les places du Nord-Est, et marche vers le Nord, en traversant l'Argonne et la Champagne. |
| Paris. | 30 oct. | **Deuxième combat du Bourget.** — Les troupes de Carré de Bellemarre sont attaquées et presque enveloppées dans le Bourget par trois brigades de la garde, prince Auguste de Wurtemberg. Le Bourget nous est repris. En cette circonstance, la garde prussienne, se souvenant sans doute de Saint-Privat, inaugure la nouvelle méthode de combat : en ordre dispersé, avec tirailleurs, renforts et soutiens, et action débordante vers les flancs de l'adversaire. |
| Est. | 30-31 oct. | **Combats de Saint-Apollinaire et de Dijon,** livrés par le gros de la division badoise, lieutenant-général von Beyer, aux défenseurs de Dijon, gardes nationaux ou mobiles, commandés par le colonel de gendarmerie Fauconnet; ce dernier est tué et les Badois occupent Dijon. |
| Politique | 31 oct. — 6 nov. | **Négociations de Versailles** en vue d'un armistice entre Thiers et Bismarck. Ce dernier consent à l'armistice, mais refuse le ravitaillement de Paris pour une durée proportionnelle. L'émeute du 31 octobre, en discréditant le gouvernement français, motive de nouvelles exigences comme garanties : les négociations sont rompues. |
| Politique | 31 oct. | **Emeute à Paris. — La Commune est un instant proclamée,** à la suite des mauvaises nouvelles : insuccès du Bourget, capitulation de Metz, bruits d'armistice, fondés sur les allées et venues de Thiers au quartier général allemand de Versailles. Trochu et les ministres sont, durant plusieurs heures, prisonniers des bandes de Flourens, à l'Hôtel de Ville. Quelques bataillons fidèles de la garde nationale délivrent le gouvernement. Celui-ci n'ose sévir et se soumet au contraire à un plébiscite parisien. |
| Est. | 2 nov. | **Combats de Rougemont et de Petit-Magny,** entre les avant-gardes des 1re et 4° divisions de réserve, général-major von Tresckow, qui débouchent de la plaine d'Alsace sur Belfort, et les troupes avancées de la garnison. Celles-ci se replient. |
| Places. | 3 nov. | **Investissement de Belfort** par le général major von Tresckow, d'abord avec la 1re division de réserve et fractions de la 4°, plus tard renforcées par le gros de la 4° |

| | | |
|---|---|---|
| | | et les bataillons de landwehr du général-major Debschitz. Défenseurs : colonel du génie Denfert-Rochereau, 17,500 hommes de garnison. |
| Politique | 3 nov. | **Plébiscite parisien.** — 560,000 *oui* contre 60,000 *non* se prononcent pour le maintien des pouvoirs du Gouvernement de la Défense nationale.<br>Le gouverneur emploie les jours suivants à réorganiser les forces militaires en trois armées distinctes : 1° garde nationale, général Clément Thomas ; 2° armée active proprement dite, général Ducrot, destinée aux grandes sorties ; 3° mobiles, général Vinoy, affectée aux diversions. Il y a en plus le corps de Saint-Denis, vice-amiral la Roncière le Noury.<br>Le gouverneur et Ducrot préparent minutieusement une grande sortie par la Basse-Seine, rive droite. Leur projet sera modifié, sous la pression de l'opinion publique, à la nouvelle du succès de Coulmiers : l'armée de sortie (Ducrot) se reportera alors de l'ouest à l'est, de Gennevilliers à Charenton-Vincennes, afin de tendre plus directement la main à l'armée de la Loire qu'on suppose arriver par Fontainebleau. |
| Loire. | 7 nov. | **Combat de Vallière** (lisière est de la forêt de Marchenoir). — Petit succès d'avant-garde remporté par Chanzy (16e corps) avec la brigade d'infanterie Bourdillon et la brigade de cavalerie Abdelal (16e corps), contre la 2e division de cavalerie, lieutenant-général von Stolberg, soutenue par des fractions d'infanterie du Ier bavarois (IIIe armée). |
| Places. | 8 nov. | **Capitulation de Verdun.** — La chute de Metz et l'imminence d'un quatrième bombardement déterminent le général Guérin de Waldersbach à négocier. Il est stipulé que « la place et le matériel de guerre feront retour à la France à la conclusion de la paix ». La garnison, successivement renforcée par les évadés de Sedan et de Metz, s'élevait à 6,000 hommes. |
| Loire. | 9 nov. | **Bataille de Coulmiers.** — D'une part, le général d'Aurelle de Paladines avec deux divisions de chacun des 15e et 16e corps, et la forte division de cavalerie Reyau, soit 65,000 hommes ; d'autre part, von der Thann, avec son Ier corps bavarois et la 2e division de cavalerie, soit 22,000 hommes. Les Bavarois sont battus ; mais notre victoire n'est pas décisive parce que la cavalerie Reyau restant inactive, nous ne poursuivons pas. Von der Thann a évacué Orléans ; il rétrograde au nord sur les routes de Paris.<br>Le grand état-major le fait recueillir par le grand-duc de Mecklembourg, qui amène, en outre, les 17e et 22e divisions d'infanterie, les 4e et 6e divisions de cavalerie, et prend le commandement supérieur de la subdivision d'armée ainsi formée. |
| Places. | 10 nov. | **Capitulation de Neuf-Brisach.** — Le mauvais vouloir de la garnison, bien plus que le bombardement, décide le lieutenant-colonel Lostie de Kerhor à rendre la |

place à la 4° division de réserve, général-major von Schmeling.

| | | |
|---|---|---|
| Loire. | 10 nov | **Les troupes françaises réoccupent Orléans.** — C'est la seule sanction de notre victoire de Coulmiers. |
| Mer. | 12 nov. | **Combat naval du *Bouvet* et du *Meteor*** dans la mer des Antilles, en vue de la Havane. Les deux navires, à peu près également avariés à la suite de quelques coups de canon, sont contraints de rentrer dans le port neutre (espagnol) de la Havane. |
| Loire. | 14 nov. | **D'Aurelle de Paladines est nommé général en chef de l'armée de la Loire,** en récompense de son succès de Coulmiers. — L'accord entre la Délégation et le général dure peu : la Délégation aurait voulu profiter de la victoire pour marcher aussitôt sur Paris ; d'Aurelle ne croit pas que cela soit possible. Il s'immobilise dans un vaste camp retranché qu'il organise autour d'Orléans. La délégation forme successivement les 18° et 20° corps à droite ; le 17° et plus tard le 21° à gauche. Effectifs sur la Loire à la fin du mois : environ 200,000 hommes. |
| Loire. | Nuit du 14-15 nov. | **Surprise des Allemands à Viabon** (au nord-est de Châteaudun, route Chartres-Artenay). — Le colonel Lipowski, avec deux compagnies de francs-tireurs et un peloton de chasseurs, surprend cette localité, quartier général de la 4° division de cavalerie, occupée par un régiment de uhlans et 2 bataillons d'infanterie. L'infanterie ennemie s'échappe en se débandant, mais les cavaliers sont presque tous capturés. Le commandant de la division, prince Albrecht, est lui-même serré de si près qu'il abandonne tous ses papiers dans son logement. |
| Loire. | 17 nov. | **Combats de Dreux et Levaville.** — Ne nous voyant pas, après Coulmiers, marcher sur Paris, le grand-duc de Mecklembourg a repris l'offensive vers l'ouest, nous croyant passés de ce côté. Il escarmouche avec les bandes encore mal organisées du général Fiéreck (futur 21° corps), que ce dernier fait rayonner à très grande distance autour du Mans. Il va les refouler dans une série de combats successifs, à la suite desquels nos soldats improvisés abandonnent invariablement le terrain. |
| Loire. | 18 nov. | **Combat de Châteauneuf** entre les bandes Fiéreck et le gros des forces du grand-duc. |
| Loire. | 18 nov. | **Combats de Bonneval et Illiers** (sur le Haut-Loir), entre les bandes Fiéreck et la 4° division, prince Albrecht. |
| Est. | 19 nov. | **Surprise des Allemands à Châtillon-sur-Seine.** — Coup de main heureux exécuté contre les troupes d'étapes du colonel von Lettgau, un bataillon de landwehr et un escadron de hussards de réserve, par la brigade Ricciotti Garibaldi (du corps d'Autun), dans le but |

| | | |
|---|---|---|
| | | de détourner l'attention des Allemands de l'attaque préparée contre Dijon par le général Garibaldi, alors à Autun avec trois autres brigades. Les Allemands perdent 200 prisonniers. |
| Loire. | 21 nov. | **Combats de la Fourche** (au nord de Nogent-le-Rotrou), entre les bandes Fiéreck et le gros du 1er corps bavarois, lieutenant-général von der Thann. |
| Loire. | 21 nov. | **Combat de la Madeleine** (au nord de Nogent-le-Rotrou), entre les bandes Fiéreck et la 17e division prussienne, von Tresckow I. |
| Loire. | 21 nov. | **Combat de Bretoncelles** (au nord de Nogent-le-Rotrou), entre les bandes Fiéreck et la 22e division, von Wittich, renforcée par des fractions de la 6e division de cavalerie. |
| Nord. | 21 nov. | **Occupation de Ham** par les Allemands. — Ham a été évacué volontairement par les troupes françaises à l'approche de la 3e division de cavalerie, lieutenant-général von Gröben. Cette dernière précède et éclaire la Ire armée allemande, général en chef Manteuffel, qui arrive sur l'Oise, et va entamer les opérations contre les forces françaises organisées dans le nord par les généraux Bourbaki et Farre, sur la Basse-Seine par le général Briand. |
| Loire. | 22 nov. | **Combats de la Ferté-Bernard** entre les bandes Fiéreck, d'une part ; des fractions de la 5e division de cavalerie et la 3e brigade d'infanterie bavaroise, général-major von Schumacher, d'autre part. |
| Loire. | 22 nov. | **Combat de Bellême** (route de Nogent-le-Rotrou à Alençon), entre les bandes Fiéreck et la 34e brigade allemande, colonel von Manteuffel.<br>Les jours suivants, Mecklembourg, enfin mieux éclairé sur l'emplacement de la véritable armée de la Loire, revient vers l'est et fait sa jonction à Toury et Janville avec Frédéric-Charles, lequel prend ainsi, avec environ 110,000 soldats aguerris, la direction supérieure des opérations contre d'Aurelle. |
| Loire. | 24 nov. | **Combats de Chilleurs et Neuville-aux-Bois** (débouchés nord de la forêt d'Orléans). — La IIe armée allemande, Frédéric-Charles, venant de Metz à l'appui du grand-duc de Mecklembourg, arrive sur le Loing et se dirige par Montargis, Beaune et Pithiviers à la rencontre du grand-duc. Les troupes avancées de la 1re division du 15n corps français, général Martin des Pallières, se heurtent aux avant-gardes et flanc-gardes du IIIe corps allemand, Alvensleben II. |
| Loire. | 24 nov. | **Combats de Ladon et Maizières** (débouchés ouest de la forêt d'Orléans), entre les têtes de colonne du 20e corps, général Crouzat, et les flanc-gardes du Xe corps, général von Voigts-Rhetz, en marche de Montargis vers Beaune. Résultats insignifiants. |

| | | |
|---|---|---|
| Nord. | 24 nov. | **Combat de Mézières** (route d'Amiens à Roye). — La petite armée française organisée dans le Nord veut défendre la ligne de la Somme : elle se porte sur la rive gauche et au sud, de façon à protéger Amiens. Composition : la garnison d'Amiens, Paulze d'Ivoy, et les trois brigades Lecointe, Derroja et du Bessol. Total : 26,000 hommes que commande par intérim le chef d'état-major, général Farre, en attendant l'arrivée du général Faidherbe, appelé de Constantine. Une reconnaissance, conduite par le général du Bessol, refoule sur Roye l'avant-garde du VIIIᵉ corps allemand, colonel von Lüderitz. |
| Places. | 24 nov. | **Capitulation de Thionville.** — Défenseurs : colonel Turnier, 4,200 hommes. Assaillants : lieutenant-général von Kameke, avec sa 14ᵉ division d'infanterie et des fractions de la 3ᵉ division de réserve. |
| Loire. | 25-26 nov. | **Combats de Châteaudun et Brou,** dans lesquels le 17ᵉ corps, général de Sonis, a l'avantage contre les détachements du grand-duc. Mais le 17ᵉ corps est ensuite pris d'une panique inexplicable, se débande et ne peut être rallié que le 28, derrière la forêt de Marchenoir. |
| Nord. | 26 nov. | **Combat de Moreuil** (route d'Amiens à Montdidier). — La 30ᵉ brigade allemande, général-major von Strubberg, refoule vers la Luce les avant-postes de notre armée du Nord. |
| Loire. | 26 nov. | **Combat de Lorcy** (entre Beaune-la-Rolande et Montargis), entre les têtes de colonne du 18ᵉ corps français et les flanc-gardes et reconnaissances du Xᵉ corps allemand. |
| Est. | 26 nov. | **Combats de Pasques-Velars-Prénois-Hauteville.** Sans vouloir attendre la coopération de la division Cremer, qui est à Beaune, Garibaldi part d'Autun avec 3 de ses 4 brigades et vient aborder Dijon en le tournant par la région montagneuse, à l'ouest de la ville. Il refoule de position en position la brigade du général-major von Degenfeld, et n'est arrêté qu'à Talant. |
| Est. | Nuit du 26-27 nov. et 27 nov. | **Combats de Talant-Pasques.** — Le lieutenant-général von Beyer amène au combat toute la division badoise. Garibaldi est forcé de se replier sur Pasques ; il se rejette ensuite sur la route d'Autun, talonné par la brigade Keller. |
| Nord. | 27 nov. | **Bataille d'Amiens** (Villers-Bretonneux). — La petite armée du Nord, aux ordres du général Farre, protège Amiens, conjointement avec la garnison de cette ville, général Paulze d'Ivoy. Avec le gros des Iᵉʳ et VIIIᵉ corps et de la 3ᵉ division de cavalerie, Manteuffel presse sur nos deux ailes et les chasse de Villers-Bretonneux à notre gauche, de Dury à notre droite. Bataille restée indécise. Néanmoins Farre ordonne la retraite, laquelle s'effectue la nuit par Corbie et Amiens vers les places du Nord ; les Allemands ne s'aperçoivent de notre mouvement rétrograde |

| | | |
|---|---|---|
| | | que dans la matinée du lendemain 28. 26,000 Français contre 35,000 Allemands. |
| Places. | 27 nov. | **Capitulation de La Fère.** — Le commandant supérieur, capitaine de frégate Planche, capitule, malgré les protestations des habitants, et livre la place, après un court bombardement, au détachement mixte du général-major von Zglinitski, commandant de la 4ᵉ brigade d'infanterie. La garnison était forte de 2,500 hommes. |
| Loire. | 28 nov. | **Bataille de Beaune-la-Rolande.** — La Délégation a décidé de faire marcher l'armée de la Loire à la rencontre de Ducrot (armée de Paris), par Pithiviers et Fontainebleau. L'aile droite, 18ᵉ et 20ᵉ corps, sous le commandement supérieur de Crouzat, commence la manœuvre et attaque le Xᵉ corps, von Voigts-Rhetz, solidement retranché dans Beaune. Crouzat obtient quelques succès à Beaune même, avec son 20ᵉ corps, mais il est mal secondé à sa droite par le 18ᵉ corps, mal protégé sur son flanc gauche par Cathelineau et des Pallières. Frédéric-Charles renforce, avec le IIIᵉ corps et la 1ʳᵉ division de cavalerie appelés de Pithiviers, l'aile droite de Voigts-Rhetz, qui alors menace de tourner l'aile gauche de Crouzat. Celui-ci doit céder et reculer vers les lisières de la forêt d'Orléans. 50,000 Français contre 25,000 Allemands. |
| Nord. | 28 nov. | **Occupation d'Amiens** par les Allemands, à la suite de la retraite des Français. La citadelle, capitaine Vogel, tient bon; les Allemands s'apprêtent à la bombarder, de l'intérieur même de la ville.<br>Manteuffel laisse un gros détachement, von Gröben, à la garde de la ligne de la Somme, et emmène le gros de la Iʳᵉ armée vers la basse Seine. |
| Paris. | 29 nov. | **Combat de l'Hay.** — Diversion inutile exécutée par la brigade Valentin (du corps Blanchard), contre le VIᵉ corps allemand, général von Tümpling, pour faciliter la grande opération que Ducrot devait entamer ce jour même à Champigny, mais qui, au dernier moment, a été remise au lendemain. Contre-ordre tardif : le 110ᵉ régiment, colonel Mimerel, a perdu à lui seul un millier d'hommes. |
| Loire. | 29 nov. | **Défense du pont de Varize** (à l'ouest de Châteaudun) par les francs-tireurs de Lipowski, que les troupes voisines ne soutiennent pas, contre la 4ᵉ brigade bavaroise, général-major von der Thann, et des fractions de la 4ᵉ division de cavalerie. Lipowski doit reculer : la ligne de la Conie est perdue pour nous. |
| Loire. | 29 nov. | **Affaires** de Villamblain et Tournoisis (route de Châteaudun à Orléans), entre la brigade de cavalerie Digard, du 16ᵉ corps, et la 4ᵉ division de cavalerie, prince Albrecht père, soutenue par des fractions d'infanterie bavaroise. |
| Nord. | Nuit du 29-30 nov. | **Surprise des Saxons à Etrépagny** à l'ouest de Gisors) par le corps de l'Andelle, général Briand, qui leur enlève cent prisonniers et un canon. Pour se venger de cet |

|        |          |                                                                                                                                                                                                                                                                                                                                                                          |
|--------|----------|--------------------------------------------------------------------------------------------------------------------------------------------------------------------------------------------------------------------------------------------------------------------------------------------------------------------------------------------------------------------------|
|        |          | échec, le général-major zur Lippe revient le lendemain avec le gros de sa division de cavalerie et incendie de sang-froid une partie des maisons.                                                                                                                                                                                                                          |
| Nord.  | 30 nov.  | **Reddition de la citadelle d'Amiens.** — Le commandant, capitaine Vogel, ayant été tué d'une balle sur les remparts, l'officier de mobiles qui le remplace, commandant Woirhaye, remet la citadelle au lieutenant-général von der Gröben.                                                                                                                                  |
| Loire. | 30 nov.  | **Escarmouches** de Maizières, Boiscommun, Nancray, aux débouchés de la forêt d'Orléans, entre les arrière-gardes de Crouzat et les reconnaissances des vainqueurs de Beaune.                                                                                                                                                                                              |
| Paris. | 30 nov.  | **Combats de Thiais-Choisy-le-Roi-la Gare-aux-Bœufs.** — Diversion exécutée par la division Pothuau, de la 3ᵉ armée, contre la 11ᵉ division allemande, lieutenant-général von Gordon.                                                                                                                                                                                      |
| Paris. | 30 nov.  | **Combat de Montmesly-Créteil.** — Diversion, pour nous très meurtrière, exécutée par la division Susbielle, détachée du 2ᵉ corps (2ᵉ armée), contre des fractions du IIᵉ corps et de la division wurtembergeoise dirigées par le général von Fransecky. Tué : général de brigade Ladreit de la Charrière.                                                                   |
| Paris. | 30 nov.  | **Combat d'Epinay-les-Saint-Denis.** — Diversion heureuse exécutée par la brigade Hanrion et dirigée par le vice-amiral la Roncière le Noury contre la 8ᵉ division allemande, lieutenant-général von Schöler. La nouvelle de ce petit succès est transmise à la légère dans les départements, où l'on croit dès lors à une victoire remportée par Ducrot à Epinay, près Longjumeau, sur les routes d'Orléans, d'où fâcheuse précipitation des armées de la Loire dans leurs mouvements vers Paris. |
| Paris. | 30 nov.  | **Bataille de Villiers-Cœuilly.** — L'armée de Ducrot sort de Paris et marche au-devant des armées de la Loire : elle veut percer la ligne d'investissement dans le secteur entre Marne et Seine ; les deux rivières protégeront ainsi ses deux flancs. Le 30, à Joinville, laborieux passage, manqué la veille, du gros des troupes : aussi l'ennemi est en éveil. Le gros de la division wurtembergeoise et du corps saxon, prince Georges de Saxe, arrête, sur les positions organisées des parcs de Villiers et de Cœuilly, l'attaque de front de nos 1ᵉʳ et 2ᵉ corps, tandis que le 3ᵉ corps, d'Exea, reste d'abord inactif, puis n'exécute pas la manœuvre tournante par Noisy, qui lui a été ordonnée. Nous bivouaquons sur la position de Champigny-Bry occupée le matin par les avant-postes ennemis, mais la grande opération projetée est manquée. 70,000 Français contre 40,000 Allemands. Tué : général de division Renault, commandant le 2ᵉ corps. |
| Loire. | 1ᵉʳ déc. | **Combat de Villepion.** — La Délégation a reçu, par ballon, avis de la sortie de Ducrot. Elle croit ce dernier arrivé à Epinay et Longjumeau. Elle fait reprendre hâtivement l'of-                                                                                                                                                                                        |

fensive et tente d'obtenir avec l'aile gauche le résultat vainement cherché à Beaune avec l'aile droite. L'aile gauche du 16ᵉ corps, division Jauréguiberry, culbute à Villepion la 1ʳᵉ division bavaroise de von der Thann et la rejette au nord au delà de Loigny.

| | | |
|---|---|---|
| Est. | 1ᵉʳ déc. | **Combat de Nuits.** — Le général Cremer, avec deux légions de mobilisés du Rhône, s'est précipitamment porté en avant pour aider à Garibaldi, malgré ce dernier, aventuré seul vers Dijon (combats de Pasques). Il chasse de Nuits la garnison badoise. |
| Est. | 1ᵉʳ déc. | **Combat d'Autun.** — Garibaldi, revenant de Dijon, fait subir un échec à la brigade badoise Keller, qui le serrait de trop près. A la nouvelle des mouvements de Cremer, Werder rappelle Keller à Dijon. |
| Paris. | 2-3 déc. | **Bataille de Champigny-Bry.** — Craignant une insurrection, Trochu n'a osé faire rentrer à Paris l'armée de Ducrot à la suite de l'insuccès du 30 novembre. Le 1ᵉʳ décembre, nous restons immobiles. Les Allemands utilisent cette journée pour renforcer le secteur entre Seine et Marne et y appeler les troupes voisines de droite et de gauche. Commandant supérieur du secteur pour le 2 : général von Fransecky. Le 2 décembre, avant le jour, l'ennemi attaque brusquement sur tout le front. Nos avant-postes sont partout surpris : le centre se débande et s'enfuit ; l'artillerie de la presqu'île de Saint-Maur reste inactive au moment le plus critique. Nouvelle défaite pour nous ; néanmoins, l'adversaire ne parvient pas à nous pousser jusqu'à la Marne. Mais nos jeunes troupes sont brisées par le froid, les fatigues ; elles manquent de vivres, aux portes de Paris, après trois jours d'absence. Le 3 au matin, Ducrot se résigne à ordonner la retraite définitive, que l'ennemi n'inquiète pas : la 2ᵉ armée revient sur la rive droite de la Marne. 65,000 Français contre même nombre d'Allemands des IIᵉ et XIIᵉ corps et de la division wurtembergeoise. |
| Loire. | 2 déc. | **Escarmouches** de Bazoches-les-Gallerandes entre les avant-postes du 15ᵉ corps français, Martin des Pallières, et des fractions de la 2ᵉ division de cavalerie, lieutenant-général von Stolberg. |
| Loire. | 2 déc. | **Bataille de Loigny-Lumeau et combat de Poupry.** — La Délégation tente d'exécuter à l'aile gauche, avec le 16ᵉ corps, Chanzy, suivi du 17ᵉ et flanqué du gros du 15ᵉ, la manœuvre qui a échoué à l'aile droite le 28 novembre. Même insuccès pour des causes analogues : décousu des engagements, manque de haute direction. La fraction d'armée du grand-duc, 1ᵉʳ bavarois, XIIIᵉ corps, 2ᵉ et 4ᵉ divisions de cavalerie, écrase à Loigny et Lumeau les divisions du 16ᵉ corps et les têtes de colonne du 17ᵉ, à Poupry, les divisions Peytavin et Martineau (du 15ᵉ corps) que d'Aurelle en personne dirige et amène en retard. La retraite s'impose. 60,000 Français contre 50,000 Allemands. Tous les corps allemands, disposés en un vaste demi-cercle, pointent alors sur Orléans, centre français. |

| | | |
|---|---|---|
| Est. | 3 déc. | **Combat de Châteauneuf** (route de Beaune à Semur). — De sa position de Nuits, Cremer lance à l'ouest un fort détachement dans le flanc de la brigade badoise Keller, rappelée d'Autun à Dijon, et inflige à cette brigade un nouvel échec. |
| Nord. | 3 déc. | **Le général Faidherbe prend le commandement de l'armée du Nord** en remplacement de Bourbaki, parti le 19 novembre pour la Loire. — Il réorganise sa petite armée en deux corps, 22e et 23e, et s'apprête à prendre l'offensive afin de reconquérir Amiens et la ligne de la Somme. |
| Loire. | 3 déc. | **Combats d'Artenay-Chevilly-Cercottes-Gidy-Saran** (route de Paris à Orléans). — Très violents combats d'arrière-garde soutenus surtout par les divisions Peytavin et Martineau, du 15e corps, au cours de la retraite vers Orléans, contre le IXe corps prussien et autres fractions de Frédéric-Charles. |
| Loire. | 4 déc. | **Affaire de Patay.** — Combats des arrière-gardes des 17e et 16e corps, général Chanzy, contre la 4e division de cavalerie, prince Albrecht, et autres fractions du grand-duc. |
| Loire. | 4 déc. | **Bataille autour d'Orléans.** — Série d'engagements dans la forêt et autour de la ville, soutenus par d'Aurelle avec le 15e corps et des fractions des 16e et 17e corps, contre le gros des forces de Frédéric-Charles qui marchent concentriquement sur Orléans. La retraite française se transforme en déroute : le centre s'enfuit sur la rive gauche de la Loire ; l'aile gauche, Chanzy, gros des 16e et 17e corps, aux environs de Coulmiers, est séparée du général en chef ; l'aile droite, Bourbaki, 18e et 20e corps, n'intervient pas et rétrograde pour son compte vers Gien, par la rive droite. |
| Loire. | Nuit du 4-5 déc. | **Réoccupation d'Orléans par les Allemands,** à 11 heures et demie du soir, en vertu d'une convention de suspension d'armes conclue entre Martin des Pallières, arrière-garde française, et le lieutenant-général von Tresckow I, avant-garde ennemie, afin d'éviter à la ville les horreurs d'une bataille de rues pendant la nuit. |
| Nord. | 4 déc. | **Combats de Forges-les-Eaux, Buchy, Bosc-le-Hard.** — Après la bataille d'Amiens, Manteuffel marche avec le gros de la 1re armée vers Rouen. Le général Briand, avec le corps de l'Andelle, ne lui oppose que des forces éparpillées et partout insuffisantes. Il est battu dans une suite d'engagements, se replie prématurément sur Rouen, qu'il renonce à défendre, y franchit la Seine et va s'embarquer à Honfleur, pour regagner le Havre, où commande le capitaine de vaisseau Mouchez ; le corps Briand passe sous les ordres du général Pelletingeas. |
| Nord. | 5 déc. | **Occupation de Rouen par les Allemands.** — Manteuffel envoie la 7e brigade de cavalerie, général-major |

| | | |
|---|---|---|
| | | von Dohna, occuper Dieppe; les Allemands touchent ainsi à la Manche, le 9 décembre. |
| Loire et 2ᵉ Loire. | 6 déc. | **Formation de 2 armées de la Loire.** — Après Orléans, les débris du 15ᵉ corps se rallient à Salbris. Les Allemands ne poursuivent que faiblement dans cette dernière direction, et seulement avec leur cavalerie. Le général d'Aurelle rappelle à lui, derrière la Sauldre, les 18ᵉ et 20ᵉ corps, qui viennent par Sully et Jargeau. Mais un décret de la Délégation supprime le commandement de d'Aurelle et forme deux armées de la Loire : 1° sur la rive gauche, 1ʳᵉ armée, Bourbaki, 15ᵉ, 18ᵉ et 20ᵉ corps; 2° sur la rive droite, Chanzy, 16ᵉ et 17ᵉ corps, que le 21ᵉ corps (Jaurès), appelé du Mans, vient renforcer dans la forêt de Marchenoir; en plus, division Camô (du 19ᵉ corps), qui arrive à Meung, rive droite. |
| 2ᵉ Loire. | 6-7 déc. | Combats de Meung (rive droite). — D'une part, l'aile droite de la 2ᵉ armée, 16ᵉ corps et division Camô, dirigée par Chanzy; d'autre part, la fraction d'armée du grand-duc (1ᵉʳ bavarois, 17ᵉ et 22ᵉ divisions d'infanterie et 2ᵉ division de cavalerie), que Frédéric-Charles, restant à Orléans, a chargé de suivre la 2ᵉ armée. Nous nous replions sur Beaugency, tandis que le IXᵉ corps, descendant la rive gauche, canonne notre aile droite par-dessus le fleuve. |
| Loire. | 7-8 déc. | Escarmouches de Salbris-Vierzon-Gien-Briare, entre les arrière-gardes de la 1ʳᵉ armée (Martin des Pallières, par intérim, puis Bourbaki), et les reconnaissances de la cavalerie de Frédéric-Charles, 1ʳᵉ et 6ᵉ divisions, soutenues par des fractions d'infanterie des IIIᵉ et IXᵉ corps. |
| Politique | 8 déc. | **La Délégation quitte Tours et va s'installer à Bordeaux,** afin de n'être plus à la merci d'un coup de main de l'ennemi. |
| 2ᵉ Loire. | 7-8-9-10 déc. | Combats de Villorceau-Cravant-Beaugency-Tavers-Origny-Josnes (entre la Loire et la forêt de Marchenoir). — Série de combats incessants et très meurtriers pour les deux partis. D'une part, toute l'armée de Chanzy; d'autre part, la fraction d'armée du grand-duc, renforcée encore du Xᵉ corps, envoyé d'Orléans le 9, et appuyée par l'artillerie du IXᵉ corps, qui continue de descendre le long de la rive gauche de la Loire. Notre droite, division Camô, fléchit la première; le IXᵉ corps va atteindre Blois sur nos derrières; on ne peut plus compter sur un prochain secours de Bourbaki. Chanzy ordonne pour le 11 la retraite sur Vendôme et le Loir. |
| Nord. | Nuit du 9-10 déc. | Surprise des Allemands à Ham. — L'armée du Nord, Faidherbe, a repris l'offensive. Après une démonstration infructueuse sur La Fère, la division Lecointe descend la rive gauche de la Somme. Elle surprend et capture la petite garnison de Ham, une demi-compagnie hessoise et un détachement d'ouvriers de chemins de fer, en tout 210 hommes. |

| | | |
|---|---|---|
| 2e Loire. | Nuit du 9-10 déc. | **Surprise de Chambord.** — La division Maurandy, isolée (du 16e corps) sur la rive gauche de la Loire, est surprise dans le parc par un détachement de 2 compagnies hessoises. Elle se débande et s'enfuit jusqu'à Blois, laissant à l'ennemi 300 prisonniers et une batterie. |
| 2e Loire. | 10 déc. | **Combats de Vienne** (devant Blois, rive gauche), entre la division Barry (du 16e corps) et les troupes avancées du IXe corps allemand, général von Manstein. La division française repasse prématurément la Loire, sans même détruire les ponts de Blois, et bat en retraite dans la direction de Vendôme, malgré les ordres réitérés de Chanzy de défendre Blois à outrance. Les Allemands de la rive gauche ont dès lors la possibilité de déboucher sur nos derrières. |
| 2e Loire. | 11 déc. | **La 2e armée se met en retraite** pour gagner la ligne du Loir, qu'elle atteint péniblement les 13 et 14, sans cependant que l'ennemi l'ait inquiétée sérieusement. Frédéric-Charles quitte Orléans avec les IIIe et Xe corps et vient prendre la direction supérieure des opérations contre Chanzy. |
| Places. | 12 déc. | **Reddition de Phalsbourg.** — Ayant épuisé ses vivres, le commandant Taillant détruit son matériel de guerre, fait ouvrir les portes et prévient l'ennemi qu'il se rend à discrétion. La garnison était de 1300 hommes. Depuis les grandes batailles d'août, la place n'était plus que bloquée par des troupes d'étapes, 3 bataillons, 1 escadron, commandées par le major von Giese. |
| 2e Loire. | 13 déc. | **Affaire de Châteaudun** (sur le Loir), escarmouches entre partis francs et reconnaissances de la 5e division de cavalerie allemande. |
| Loire. | 13 déc. | **Affaire de Vierzon** entre des fractions du 15e corps, général Martineau des Chenez, et la 6e division de cavalerie, général-major von Schmidt. |
| Places. | 13 déc. | **Capitulation de Montmédy.** — Défenseurs : commandant Tessier, successeur du capitaine Reboul ; garnison restante après les détachements fournis à l'armée du Nord, moins de 2,000 hommes. Assaillant : lieutenant-général von Kameke, avec sa 14e division et des troupes d'étapes. |
| 2e Loire. | 14 déc. | **Combats de Fréteval et Morée,** sur le Loir, entre le 21e corps, général Jaurès, et le XIIIe allemand (17e et 22e divisions), grand-duc de Mecklembourg ; celui-ci voulait nous tourner par le nord, mais il ne réussit pas à franchir la rivière. |
| 2e Loire. | 15 déc. | **Bataille de Vendôme.** — Chanzy est attaqué : 1° à gauche par la fraction d'armée du grand-duc, lequel est contenu par le corps Jaurès ; 2° au centre et à sa droite par les corps aux ordres directs de Frédéric-Charles. La droite se maintient, mais le centre, hauteurs de Bel-Essort, en avant de Vendôme, est percé. Dans la nuit, Chanzy |

ordonne la retraite, se dégage avant que l'ennemi s'en aperçoive et dirige ses trois corps par les routes du Mans, vers l'Huisne et la Sarthe.

Frédéric-Charles retourne à Orléans; le grand-duc, resté seul, ne nous fait poursuivre que très mollement, et par des détachements seulement.

| | | |
|---|---|---|
| Est. | 16 déc. | **Combat de Longeau** (au sud de Langres). — Coup de main exécuté contre les partis avancés de la garnison de Langres, afin de les refouler dans la place, par un détachement mixte du corps Werder, aux ordres du général-major von der Goltz. Succès pour les Allemands. |
| 2e Loire. | 17 déc. | **Combat d'Epuisay** (entre Fréteval et Saint-Calais). — Combat d'arrière-garde entre le 17e corps, général de Colomb, et le Xe allemand, général von Voigts-Rhetz, renforcé par des fractions du XIIIe. |
| 2e Loire. | 17 déc. | **Combats de Droué-la-Fontenelle** (au nord-nord-ouest d'Epuisay), entre la division Gougeard (corps de Bretagne) rattachée au 21e corps, et la 5e division de cavalerie, général-major von Barby. |
| 2e Loire. | 19 déc. | **Nouvel arrêt de la retraite.** — La 2e armée atteint ses nouvelles positions autour du Mans. Chanzy lance à grande distance, en avant de son front et jusqu'au Loir à l'est, et à la Loire au sud, de nombreuses colonnes mobiles, détachements mixtes qui, malheureusement, vont opérer chacun pour leur compte sans se relier entre eux. Les principales colonnes mobiles sont, de la gauche à la droite, les colonnes Rousseau, de Jouffroy, de Curten, Ferri-Pisani, Barry, Cléret, etc... |
| Est. | 18 déc. | **Bataille de Nuits.** — Depuis le 1er décembre, la division Cremer attend vainement à Nuits la coopération de Garibaldi, immobile à Autun. Cremer est attaqué par toute la division badoise, lieutenant-général von Glümer. Il se maintient tout le jour, mais il a épuisé toutes ses munitions d'artillerie. Les deux adversaires retournent à leur point de départ respectif : Glümer, à Dijon, Cremer, à Beaune, ayant perdu chacun un millier de tués ou blessés. |
| Est. | 20 déc. | **La 1re armée de la Loire, Bourbaki, devient armée de l'Est et entame son mouvement vers la Saône.** — La Délégation a renoncé à la faire rallier Chanzy, dans l'ouest, ou à la diriger seule sur Paris, par Montargis. Chemin faisant, cette armée se renforcera du 24e corps, général Bressolles, formé à Lyon, et de la division Cremer; elle comptera ainsi 140,000 hommes. Objectifs : faire lever le siège de Belfort et menacer les lignes d'opérations des armées qui assiègent Paris. Préparation imparfaite et extrême lenteur des transports par voies ferrées. |
| 2e Loire. | 20 déc. | **Combat de Monnaie** (au nord de Tours), entre la colonne mobile Ferri-Pisani, qui est battue, et le gros du Xe corps allemand, général von Voigts-Rhetz, renforcé de la 1re division de cavalerie. |

| | | |
|---|---|---|
| 2ᵉ Loire | 21 déc. | **Combats devant Tours,** entre la colonne Ferri-Pisani et la 19ᵉ division d'infanterie, lieutenant-général von Schwarzkoppen. A la suite de cette affaire, l'ennemi jette quelques obus dans la ville de Tours, puis s'éloigne sans chercher à entrer. |
| Paris. | 21 déc. | **Troisième combat du Bourget.** — Nouvelle tentative de sortie dirigée au nord-est par Trochu lui-même. L'aile gauche, corps de Saint-Denis, vice-amiral la Roncière le Noury, attaque le Bourget avec les trois colonnes Lavoignet, Lamothe-Thenet et Hanrion. Elle échoue devant la résistance de la garde prussienne, prince Auguste de Wurtemberg. Par suite, l'opération est arrêtée, avant que la 2ᵉ armée, Ducrot, soit sérieusement engagée : elle n'est pas poussée plus loin. Nous reculons et bivouaquons dans la plaine de Saint-Denis. On ébauche des travaux réguliers contre les positions fortifiées· de l'assiégeant. |
| | | Quelques jours plus tard, l'extrême rigueur de la température oblige à ramener les troupes dans les cantonnements, sur la ligne des forts et en arrière. |
| Paris. | 21 déc. | **Combat d'Epinay.** — Diversion insignifiante exécutée par des fractions de mobiles du corps de Saint-Denis contre les avant-postes du IVᵉ corps. |
| Paris. | 21-22 déc. | **Combats de Maison-Blanche et Ville-Evrard.** — Diversions plus sérieuses, dirigées par Vinoy contre le gros du corps saxon, prince Georges de Saxe. La brigade Blaise enlève Ville-Evrard, et la brigade Salmon, la Maison-Blanche. Pendant la nuit du 21-22, les Saxons reviennent à la charge, nous surprennent et nous chassent des deux localités. Le général Blaise est tué dans cette échauffourée de nuit, qui nous coûte, en outre, 700 prisonniers. |
| Nord. | 23 déc. | **Bataille de Pont-Noyelles** (l'Hallue). — En approchant d'Amiens par la rive gauche, Faidherbe apprend que Manteuffel accourt de Rouen avec le gros de son armée. Faidherbe passe alors sur la rive droite et prend une position défensive derrière l'Hallue, avec les 22ᵉ et 23ᵉ corps. Manteuffel débouchant d'Amiens attaque de front et veut en même temps tourner notre droite (manœuvre de Saint-Privat). Résultat indécis de la bataille. Nous bivouaquons ; l'ennemi cantonne ; nuit très glaciale. Aussi nos soldats, mal vêtus et mal nourris, souffrent beaucoup. Le 24 au matin, Faidherbe décampe et se retire sous les places de la Scarpe, sans être poursuivi. |
| | | 35,000 Français contre 28,000 Allemands (VIIIᵉ corps, 3ᵉ division de cavalerie, fractions du 1ᵉʳ corps et de la garde prussienne). |
| | | Les Allemands entament vigoureusement le siège de Péronne. |
| 2ᵉ Loire. | 26-27 déc. | **Combats de Sougé-Troo-Saint-Quentin-Montoire** (vallée du Loir). — Succès de la colonne mobile Jouffroy contre un détachement mixte du Xᵉ corps, aux ordres du colonel von Boltenstern. |

| | | |
|---|---|---|
| Paris. | 27 déc. | **Commencement du bombardement** du Mont-Avron, puis des forts du secteur Est par la IV⁰ armée, prince royal de Saxe. Trochu fait désarmer et évacuer le Mont-Avron dans la nuit du 28 ; opération habilement conduite et exécutée par le colonel Stoffel (l'auteur des fameux rapports militaires écrits de Berlin). |
| Est. | 27 déc. | **Les Allemands évacuent Dijon.** — A la nouvelle que Bourbaki marche vers l'Est, Werder rappelle autour de Vesoul tous ses détachements épars. |
| 2⁰ Loire. | 28-29 déc. | **Combats de Château-Renault** (route Tours-Vendôme), entre la colonne mobile de Curten et de fortes reconnaissances du X⁰ corps. De Curten s'installe à Château-Renault. |
| 2⁰ Loire. | 31 déc. | **Combats de Vendôme-Bel-Air-Danzé.** — Vigoureuse attaque concentrique des troupes de la colonne Jouffroy, exécutée contre Vendôme, que défend le lieutenant-général von Kraatz-Koschlau avec la moitié du X⁰ corps et de la 1ʳᵉ division de cavalerie. Victorieux à Bel-Air et aux abords de Vendôme, mais inquiet à cause de l'insuccès de Danzé, sur son flanc gauche, le général Jouffroy bat prématurément en retraite pendant la nuit. |
| Nord. | 31 déc. | **Combats peu décisifs de Robert-le-Diable et Orival** (au sud de Rouen, rive gauche de la Seine), entre les troupes du général Roy, ancien corps de l'Eure, et la 1ʳᵉ division prussienne, général-major von Falkenstein. |
| Est. | 31 déc. | **La division Cremer réoccupe Dijon.** — Elle est destinée à former l'extrême gauche de l'armée de l'Est. A cet effet, elle sera remplacée à Dijon par le corps Garibaldi, appelé d'Autun, et marchera sur Belfort en passant successivement par Gray, Vesoul et Lure. |
| 2⁰ Loire. | 1ᵉʳ janv. | **Combat d'Azay** (nord-ouest de Vendôme), engagé au cours de la retraite par la colonne Jouffroy contre les poursuivants du X⁰ corps et de la 1ʳᵉ division de cavalerie. |
| Places. | 1ᵉʳ janv. | **Capitulation de Mézières.** — Défenseurs : général de brigade Blondeau, 2,000 hommes. Assaillant : même corps de siège qu'à Montmédy, lieutenant-général von Kameke. |
| Nord. | 2 janv. | **Combats de Sapignies-Achiet-le-Grand-Béhagnies** (au nord de Bapaume). — Faidherbe amène au secours de Péronne l'armée du Nord réorganisée. A notre droite, succès des divisions Derroja et du Bessol ; à notre gauche, insuccès de la division Payen, dans les combats d'avant-garde livrés au corps d'observation établi à Bapaume, 15⁰ division d'infanterie et détachement mixte von Gröben, le tout aux ordres du lieutenant-général von Kümmer. |
| Nord. | 3 janv. | **Bataille de Bapaume.** — D'une part, le corps allemand d'observation renforcé et comprenant alors : le VIII⁰ corps, la 3⁰ division de cavalerie et la 3⁰ division |

mixte de réserve du prince Albrecht (fils), en tout 25,000 hommes aux ordres du lieutenant général von Goeben. D'autre part, les 22e et 23e corps français, 32,000 hommes, aux ordres de Faidherbe. Notre droite, 22e corps, est victorieuse ; notre gauche, 23e corps, ne peut enlever Bapaume. Pendant la nuit, les deux adversaires battent simultanément en retraite, Faidherbe vers le nord, von Goeben vers le sud. Au jour, les reconnaissances de la cavalerie allemande découvrent notre mouvement rétrograde : le corps d'observation revient alors sur ses pas et réoccupe Bapaume, et le corps de siège reprend vigoureusement contre Péronne les opérations qu'il se disposait à abandonner.

| | | |
|---|---|---|
| Nord. | 4 janv. | **Combat d'arrière-garde de Sapignies.** — — Succès de l'arrière-garde de la division du Bessol, commandant Hecquet, avec son 20e bataillon de chasseurs, contre deux escadrons du 8e cuirassiers allemand qui l'ont voulu charger en terrain accidenté. |
| Mer. | 4 janv. | La frégate prussienne l'*Augusta* entre dans l'estuaire de la Gironde, y capture le paquebot-poste et coule deux autres embarcations. Elle s'enfuit ensuite à Vigo (Espagne). |
| Nord. | 4 janv. | **Combats de Robert-le-Diable et de Bourgtheroulde** (au sud de Rouen, rive gauche), entre les troupes du général Roy et le gros de la 1re division prussienne, général-major von Bergmann. Cette fois, le général Roy est chassé de la boucle Rouen-Elbeuf-la Bouille, d'où il inquiétait jusque-là les Allemands de la rive droite. |
| Paris. | 5 janv. | **Commencement du bombardement des fronts sud** de Paris par la IIIe armée, prince royal de Prusse, sous la direction technique du général-major prince Kraft de Hohenlohe, pour l'artillerie, et du lieutenant-général von Kameke, pour le génie. |
| Places. | 5 janv. | **Reddition de Rocroy.** — Après une résistance passive de quelques heures à un bombardement peu efficace, la place se rend à la 28e brigade d'infanterie, général-major Woyna II, qui, se rendant de Mézières à l'armée du Sud, l'a, à tout hasard, bombardée en passant, avec quelques pièces de campagne. |
| Est. | 5 janv. | **Escarmouches** de Vesoul, entre les avant-gardes de Cremer et la division badoise. |
| 2e Loire. | 5 janv. | **Combats de Villeporcher et Château-Renault** (route Tours-Vendôme), entre la colonne mobile de Curten et des fractions du Xe corps et de la 1re div. de cavalerie. A cette époque, Frédéric-Charles, débarrassé de l'inquiétant voisinage de Bourbaki, revient d'Orléans et reprend l'offensive contra Chanzy, avec 100,000 hommes. Tous ses corps atteignent le Loir : les jours suivants, ils se dirigent concentriquement vers le Mans, en culbutant de proche en proche les colonnes mobiles françaises. |

3

| | | |
|---|---|---|
| 2ᵉ Loire. | 6 janv. | • **Combats d'Azay-Mazangé** (à l'ouest de Vendôme), engagés entre la colonne mobile de Jouffroy et le gros du IIIᵉ corps allemand, lieutenant-général von Alvensleben II. Le général de Jouffroy se replie derrière la Braye. |
| 2ᵉ Loire. | 6 janv. | **Combat de Montoire**, entre une partie de la colonne mobile de Curten et la 20ᵉ division allemande, lieutenant-général von Kraatz-Koschlau. Les Allemands occupent Montoire. |
| 2ᵉ Loire. | 6 janv. | **Combat de Saint-Amand** (au sud de Vendôme, route de Tours). — Succès remporté par la colonne mobile de Curten sur le prince Guillaume de Mecklembourg, 1ʳᵉ et 6ᵉ divisions de cavalerie, 38ᵉ brigade d'infanterie. Conséquence : la marche de l'aile gauche allemande, Xᵉ corps, est considérablement retardée ; ce corps arrivera en retard sur le champ de bataille du Mans. |
| 2ᵉ Loire. | 5-6 janv. | **Combats de la Fourche** (au nord de Nogent-le-Rotrou), entre la colonne mobile Rousseau et des fractions des XIIIᵉ corps et 4ᵉ division de cavalerie, grand-duc de Mecklembourg. Les Français se replient. |
| 2ᵉ Loire. | 7 janv. | **Combats de Nogent-le-Rotrou et du Theil.** — Mêmes adversaires qu'à la Fourche ; mêmes résultats. |
| 2ᵉ Loire. | 7 janv. | **Combat d'Epuisay** (entre Fréteval et Saint-Calais), au cours de la retraite française, entre la colonne de Jouffroy et les avant-gardes des IIIᵉ et IXᵉ corps. |
| 2ᵉ Loire. | 7 janv. | **Combat de Villechauve** (entre Saint-Amand et Château-Renault), entre la colonne de Curten, qui se replie, et le détachement du général-major Baumgarth, du Xᵉ corps. Chanzy envoie du Mans l'amiral Jauréguiberry prendre la direction supérieure de toutes les colonnes mobiles qui, jusque-là, ont opéré sans concordance entre elles, d'où leurs insuccès. Mais la mesure est tardive. |
| Nord. | 7 janv. | **Le général von Goeben est nommé commandant en chef de la Iʳᵉ armée**, en remplacement de Manteuffel, mis à la tête de l'armée du Sud, formée pour combattre Bourbaki dans la région du Jura (IIᵉ et VIIᵉ corps, auxquels s'ajoutera le corps Werder). |
| 2ᵉ Loire. | 8 janv. | **Combat de Vancé** (entre Saint-Calais et la Chartre-sur-Loir), entre les éclaireurs algériens du général de Jouffroy et le gros de la 6ᵉ division de cavalerie, général-major von Schmidt. |
| 2ᵉ Loire. | 8 janv. | **Combat de la Chartre-sur-Loir**, entre des fractions de l'amiral Jauréguiberry (des colonnes Barry, de Curten et de Jouffroy), et les avant-gardes du Xᵉ corps et de la 1ʳᵉ division de cavalerie. |
| 2ᵉ Loire. | 8 janv. | **Combat de Bellême** (entre Nogent-le-Rotrou et Alençon). — La colonne Rousseau contient la 4ᵉ division de |

| | | |
|---|---|---|
| | | cavalerie, appuyée par des fractions du XIIIe corps, grand-duc de Mecklembourg. |
| Est. | 8 janv. | **Combat de Montbard** (sur la Brenne, au nord-ouest de Dijon), entre la brigade Ricciotti Garibaldi, qui se replie ensuite sur Dijon, et une brigade mixte (supplémentaire) du VIIe corps, colonel von Dannenberg. |
| 2e Loire. | 9 janv. | **Combat de Château-Renault** (route Tours-Vendôme), entre la colonne Curten, qui est battue, et la 1re division de cavalerie, lieutenant général von Hartmann. |
| 2e Loire. | 9 janv. | **Combat d'Ardenay** (route Saint-Calais-le-Mans), entre la 2e division du 17e corps français, général Pâris, qui se fait battre, et le gros du IIIe corps, von Alvensleben II. |
| 2e Loire. | 8-9 janv. | **Combats de Chahaigne-Brives** (rive droite du Loir, au nord-ouest de La Chartre), entre les colonnes mobiles Barry et de Jouffroy, d'une part, et le gros du Xe corps, général von Voigts-Rhetz, d'autre part. |
| Places. | Nuit du 8-9 janv. | **Sous Belfort; surprise de Danjoutin.** — A 1 heure du matin, les Allemands surprennent l'importante garnison de ce village, poste avancé de Belfort. La place n'envoyant pas de secours, nous perdons la localité et 800 prisonniers. |
| 2e Loire. | 9 janv. | **Combats de Connerre et Thorigné** (rive gauche de l'Huisne), entre la colonne Rousseau et les avant-gardes du XIIIe corps, général-major von Rauch. |
| Est. | 9 janv. | **Bataille de Villersexel.** — Werder, d'abord concentré à Vesoul, se hâte de rétrograder sur Belfort dès qu'il a pu pressentir les projets de Bourbaki. Les deux adversaires se côtoient dans la vallée de l'Ognon, Bourbaki remontant les deux rives, Werder plus au nord, sur la rive droite. Afin de retarder notre marche, Werder jette sur nous, à Villersexel, la 4e division de réserve et la brigade mixte von der Goltz. Le combat dure tout le jour, et en outre, dans le bourg, la plus grande partie de la nuit. De grand matin, les Allemands se dégagent et filent vers Belfort, tandis que l'armée française, dans l'attente d'un retour offensif, s'immobilise sur le champ de bataille. 50,000 Français des 18e et 20e corps contre 25,000 Allemands. |
| Places. | 9 janv. | **Capitulation de Péronne.** — Le commandant supérieur, chef de bataillon du génie Garnier, désespère prématurément d'être secouru par Faidherbe; garnison: 3,500 hommes. Assaillant: d'abord général-major Schüler von Senden, puis lieutenant général von Barnekow avec la 3e division de réserve et la 16e division d'infanterie. |
| 2e Loire. | 10 janv. | **Combat de la Chapelle-Saint-Remy**, entre la 2e division du 21e corps, général Collin, et la 22e division allemande, général-major von Wittich. |

| | | |
|---|---|---|
| 2ᵉ Loire. | 10 janv. | **Combat de Parigné-l'Evêque** (route Tours-le-Mans, par Grand-Lucé), entre la division Deplanque et autres fractions du 16ᵉ corps, amiral Jauréguiberry, d'une part, et la 5ᵉ division allemande (du IIIᵉ corps), lieutenant-général von Stülpnagel, d'autre part. |
| 2ᵉ Loire. | 10 janv. | **Combat de Pont-de-Gesnes** (vallée de l'Huisne), entre la 1ʳᵉ division du 21ᵉ corps, général Rousseau, et la 17ᵉ division allemande et autres fractions du XIIIᵉ corps, grand-duc de Mecklembourg. |
| 2ᵉ Loire. | 10 janv. | **Combat de Changé** (à l'est et près du Mans), entre la division de Roquebrune, du 16ᵉ corps, et des fractions du IIIᵉ corps allemand, dirigées par le commandant de corps, lieutenant général von Alvensleben II. |
| 2ᵉ Loire. | 10 janv. | **Combats de Saint-Hubert et Champagné** (pied du plateau d'Auvours et vallée de l'Huisne), entre la division Gougeard, rattachée au 21ᵉ corps, et la 6ᵉ division allemande et autres fractions du IIIᵉ corps, Alvensleben II. A lui seul, le IIIᵉ corps allemand nous fait ce jour-là 5,000 prisonniers. Conséquences de nos combats malheureux des cinq derniers jours : le contact est immédiat sur tout le front ; les corps allemands, encore très espacés entre eux, pointent tous sur le Mans, autour duquel leur marche concentrique nous a resserrés, et où ils espèrent pouvoir nous envelopper, vers le 12, comme à Sedan. |
| 2ᵉ Loire. | 11 janv. | **Bataille du Mans.** — D'une part, Chanzy et 90,000 hommes de la 2ᵉ armée de la Loire : 16, 17ᵉ et 21ᵉ corps, divisions de mobilisés de Bretagne Lalande et Le Bouedec. D'autre part, Frédéric-Charles et 75,000 Allemands : XIIIᵉ corps, IIIᵉ et Xᵉ, 18ᵉ division ; cavalerie des 4ᵉ, 5ᵉ et 6ᵉ divisions. L'aile gauche sur l'Huisne, et le centre au plateau d'Auvours (général Gougeard) tiennent bon. Dans la soirée, la droite, mobilisés de Bretagne, est attaquée dans l'obscurité par le Xᵉ corps, qui arrive seulement. Elle lâche pied, la panique gagne de proche en proche, les 16 et 17ᵉ corps s'enfuient vers le Mans, malgré les efforts désespérés de l'amiral Jauréguiberry. Avant le jour, 12 janvier, Chanzy se résigne à ordonner la retraite, laquelle est préparée et entamée sans que Frédéric-Charles s'en aperçoive. Les 16ᵉ et 17ᵉ corps traversent le Mans ; le 21ᵉ se dispose à franchir la rivière plus en amont, vers Beaumont. |
| 2ᵉ Loire. | 12 janv. | **Combats d'arrière-gardes de Saint-Corneille et Courcebœuf** (au nord-est du Mans), entre la 2ᵉ division du 21ᵉ corps, général Collin, d'une part, et la 22ᵉ division allemande, renforcée par la 4ᵉ division de cavalerie, général-major von Wittich, d'autre part. |
| 2ᵉ Loire. | 12 janv. | **Combats d'arrière-gardes de la Croix et Chanteloup** (au nord du Mans), entre la 3ᵉ division du 21ᵉ corps, général Villeneuve, et la 17ᵉ allemande et autres fractions du XIIIᵉ corps, grand-duc de Mecklembourg. |

| | | |
|---|---|---|
| 2ᵉ Loire. | 12 janv. | **Combats d'arrière-gardes du Tertre, des Epinettes, de Pontlieue et dans les rues du Mans,** entre les 16ᵉ et 17ᵉ corps français mélangés, amiral Jauréguiberry d'une part, et le gros des IIIᵉ et Xᵉ corps, dirigés par le général von Voigts-Rhetz, d'autre part.<br>Le combat autour des ponts de l'Huisne et de la Sarthe, puis dans les rues du Mans, est soutenu surtout par la division de Roquebrune et par la brigade de gendarmes Bourdillon, spécialement chargées de couvrir la retraite.<br>Le lendemain 13, l'armée de Chanzy, qui marchait d'abord vers Alençon, se dirige droit à l'ouest, vers la Mayenne et Laval. Dans cette direction, l'ennemi ne poursuit qu'au moyen de détachements mixtes, qu'il organise en conséquence; les principaux de ces détachements sont ceux du général-major von Schmidt, sur la route de Laval à l'ouest, du colonel von Lehmann sur la route de Mayenne au nord-ouest. |
| 2ᵉ Loire. | 13 janv. | **Combat de Chauffour** (ouest du Mans, route de Laval), au cours de la retraite, entre le 16ᵉ corps et le détachement mixte, 6ᵉ division de cavalerie et fractions d'infanterie du IIIᵉ corps, aux ordres du général major von Schmidt. |
| 2ᵉ Loire. | 13 janv. | **Combat de Ballon** (au nord du Mans, route de Mamers), entre le 21ᵉ corps, général Jaurès, et les têtes de colonne du XIIIᵉ corps, en marche sur Alençon. |
| Est. | 13-14 janv. | **Combat d'Arcey-Sainte-Marie-Bart** (à l'ouest et près de Montbéliard), entre les têtes de colonne des 15ᵉ et 24ᵉ corps français, et les arrière-gardes de la 4ᵉ division de réserve, colonel von Loos. |
| Est. | 14 janv. | **Combat de Montbéliard,** entre les têtes de colonne du 15ᵉ corps, général Martineau, et le détachement mixte du général-major Debschitz, du corps de siège de Belfort. |
| 2ᵉ Loire. | 14 janv. | **Combat de Chassillé** (sur la Vègre), route du Mans-Laval), entre les divisions Barry et Le Bouedec, du 16ᵉ corps, d'une part, et le détachement de poursuite von Schmidt, d'autre part. Nous continuons la retraite. |
| 2ᵉ Loire. | 14 janv. | **Combat d'arrière-garde de Beaumont-sur-Sarthe** (au nord du Mans, route d'Alençon), entre le 21ᵉ corps, général Jaurès, et la 22ᵉ division, von Wittich. |
| 2ᵉ Loire. | 15 janv. | **Combat de Saint-Jean-sur-Erve** (ouest du Mans, route de Laval), entre le 16ᵉ corps, Jauréguiberry, et le détachement poursuivant von Schmidt. La retraite prématurée et mal justifiée du 17ᵉ corps, de Colomb, à notre gauche, oblige l'amiral à céder le terrain. |
| 2ᵉ Loire. | 15 janv. | **Combat-de-Sillé-le-Guillaume** (au nord-ouest du Mans, route de Laval par le camp de Conlie), entre le 21ᵉ corps, général Jaurès, et le détachement poursuivant du colonel von Lehmann, 37ᵉ brigade d'infanterie et autres |

| | | |
|---|---|---|
| | | fractions du X$^e$ corps. La retraite du 17$^e$ corps, à notre droite, oblige le général Jaurès à reculer. |
| 2$^e$ Loire | 15 janv. | **Combat d'Alençon**, entre la colonne du général Lipowski, francs-tireurs et fractions du 19$^e$ corps, d'une part, et la 22$^e$ division d'infanterie, 4$^e$ et 5$^e$ divisions de cavalerie, sous la direction du grand-duc de Mecklembourg, d'autre part. Le grand-duc occupe Alençon. |
| Est. | 15-16 janv. | **Bataille d'Héricourt** (la Lisaine). — D'une part, 100,000 Français de l'armée de l'Est, Bourbaki : 15$^e$, 20$^e$, 24$^e$, 18$^e$ corps, divisions Cremer et Pallu de la Barrière. D'autre part, 45,000 Allemands sous Werder : division badoise, division de réserve Schmeling, brigade mixte de Goltz, détachement mixte Debschitz. La lenteur de notre marche après Villersexel a donné à Werder le temps de se retrancher fortement sur les escarpements de la rive gauche de la Lisaine. La gauche française, division Cremer et 18$^e$ corps, chargée de tourner la droite allemande au nord, ne remplit pas sa mission. L'attaque de front ne réussit pas mieux. Après trois jours de combats pour nous infructueux, les troupes étant extraordinairement délabrées, Bourbaki ordonne la retraite sur Besançon, par les deux rives du Doubs. |
| Nord. | 16 janv. | **Combat de Saint-Quentin.** — La brigade du colonel Isnard, venant du Cateau, chasse de Saint-Quentin les troupes saxonnes (fractions d'infanterie et de cavalerie du XII$^e$ corps), du lieutenant général comte zur Lippe. Pendant ce temps, notre armée du Nord, qui a repris l'offensive, fait une démonstration vers Amiens, puis elle essaye de revenir à marches forcées d'Albert sur Saint-Quentin. Très bien renseigné par sa cavalerie, von Gœben ne se laisse pas tromper : il nous suit aussitôt vers l'est et remonte les deux rives de la Somme, en ralliant chemin faisant toutes ses troupes disponibles; il demande en outre que la IV$^e$ armée, sous Paris, lui envoie des renforts. |
| Est. | 16-17 18 janv. | **Combats devant Langres**, entre des sorties de la garnison et les flanc-gardes du VII$^e$ corps, aile gauche de Manteuffel, en marche sur Vesoul. Résultats insignifiants. La garnison, général Meyère, ne soupçonne pas la gravité de la situation, et n'agit pas comme elle le pourrait. |
| Est. | 16 au 20 janv. | **Traversée du plateau de Langres par Manteuffel**, avec les II$^e$ et VII$^e$ corps prussiens, qui marchent en toute hâte au secours de Werder. Manteuffel, commandant en chef de l'armée du Sud (II$^e$ VII$^e$ et XIV$^e$ corps), remonte les vallées de l'Aube et de la Seine, et traverse les montagnes en se glissant entre Langres et Dijon, qu'il masque par des flanc-gardes, et qui le laissent passer sans l'inquiéter sérieusement. Le 20 janvier, ses deux corps sont sur la Saône, face à l'est. De là, Manteuffel apprenant notre insuccès d'Héricourt, va faire à-droite et marcher face au sud, afin de couper à Bourbaki la retraite à l'ouest et au sud de Besançon (routes de Dijon et celles de Lyon). |

| | | |
|---|---|---|
| Est. | 18 janv. | **Combats d'avant-postes aux abords de Laval,** entre des fractions des 16e et 21e français, établis sur la Mayenne, et une forte reconnaissance exécutée par la 14e brigade de cavalerie, colonel von Alvensleben, du détachement de poursuite du général-major von Schmidt. Les Allemands rétrogradent sur l'Erve : ils semblent vouloir s'arrêter là. |
| Est. | 18 janv. | **Combats de Clairegoutte-Montbéliard,** entre les arrière-gardes de l'armée de l'Est et les reconnaissances très prudentes lancées par Werder. |
| Nord. | 18 janv. | **Combats de Beauvois-Vermand** (Tertry-Pœuilly, entre Saint-Quentin et Péronne), soutenus, au cours de la marche vers Saint-Quentin, par les arrière-gardes des 22e et 23e corps, Faidherbe, contre les têtes de colonnes très pressantes de l'armée de von Goeben (gros du VIIIe corps, division mixte von der Gröben, fractions du Ier corps). L'armée française se dégage péniblement et vient prendre position autour de Saint-Quentin, au sud et à l'ouest, sur les deux rives de la Somme et du canal. |
| Politique | 18 janv. | **Proclamation de l'Empire allemand, à Versailles.** — Le roi Guillaume de Prusse est reconnu Empereur allemand par les princes et Etats des deux Confédérations du Nord et du Sud. Celles-ci cessent donc d'exister. |
| Est. | 18 au 24 janv. | **Expédition du pont de Fontenoy-sur-Moselle,** (entre Toul et Frouard). — Le corps franc « Chasseurs des Vosges, avant-garde de la Délivrance », commandant Bernard, environ 300 hommes, quitte son camp de Boene, ou de la Vacheresse, en forêt inaccessible, entre Lamarche et Neufchâteau ; il se glisse de bois en bois dans la région entre Madon et Meuse infestée d'Allemands, franchit de nuit la Moselle à Pierre-la-Treiche, en amont de Toul, se jette dans la forêt de Haye, et le 22, au petit jour, fait sauter le pont de Fontenoy, passage de la grande voie ferrée Paris-Strasbourg, principale ligne de ravitaillement des grandes armées allemandes sous Paris. Le corps franc échappe aux Allemands des garnisons de la région, et rentre le 24 dans la forêt de Boene. |
| Nord. | 19 janv. | **Bataille de Saint-Quentin.** — D'une part, 40,000 Français de l'armée du Nord, général Faidherbe. 35,000 Allemands, commandés par von Goeben : gros des Ier et VIIIe corps, 3e division mixte de réserve du prince Albrecht (fils), division von der Gröben, détachements de la garde et du corps saxon expédiés de Paris, en chemin de fer, par la IVe armée. Les deux partis sont à cheval sur la Somme : les Français face au sud et à l'ouest, étant adossés à la ville. Von Goeben veut nous envelopper, répéter Sedan ; notre aile gauche, 22e corps, fléchit la première et se jette dans la ville ; l'aile droite, 23e corps et brigades Isnard et Pauly, tient plus longtemps et donne aux autres troupes le temps d'évacuer Saint-Quentin avant que l'aile gauche allemande, von der Gröben, ait terminé au nord le |

| | | |
|---|---|---|
| | | mouvement enveloppant projeté. Faidherbe dégage tardivement, mais assez rapidement, ses troupes battues ; par une marche forcée durant la nuit et le jour suivant, il atteint les places de l'Escaut avant que von Goeben ait pu entamer sérieusement la poursuite. |
| Paris. | 19 janv. | **Bataille de Buzenval** (Montretout-Mont-Valérien). — Dernière affaire engagée sous Paris afin de donner satisfaction à la population qui réclame une « sortie torrentielle ». D'une part, 90,000 Français, dont 42,000 gardes nationaux parisiens, commandés par Trochu en personne, et répartis entre les trois grosses colonnes Ducrot, Bellemarre et Vinoy. D'autre part, 25,000 Allemands engagés, prince royal de Prusse : V⁰ corps, division de landwehr de la garde, fractions des IIᵉ bavarois et IVᵉ corps prussien. Nos trois colonnes n'attaquent pas simultanément : celle de gauche, Vinoy, remporte au début quelques succès à Montretout ; les deux autres échouent dans les parcs de Buzenval et de la Malmaison. Notre artillerie n'ayant pu suivre dans les terres détrempées, nous nous brisons contre les positions retranchées de la ligne de résistance allemande. Les gardes nationaux lâchent pied de toutes parts. Le général Trochu ordonne la retraite ; celle-ci s'effectue durant la nuit dans le plus grand désordre. Heureusement les Allemands ne poursuivent pas. |
| Est. | 19 janv. | **Combat d'Athesans** (au nord-est de Villersexel), entre les arrière-gardes des généraux Cremer et Billot, gauche française, et la brigade de cavalerie badoise du colonel von Willisen. |
| Est. | 19 janv. | **Combat de Sainte-Marie** (à l'ouest et près de Montbéliard), entre les arrière-gardes des 24ᵉ et 15ᵉ corps et des fractions de la 4ᵉ division de réserve, général-major von Schmeling. |
| Est. | 20 janv. | **Combats de Villers-la-Ville-Petit-Magny-Marat-Esprels** (autour de Villersexel), entre les arrière-gardes de l'aile gauche française (Cremer et Billot) et des fractions du XIVᵉ corps dirigées par le général-major von Schmeling.<br>Le corps Werder a repris le contact immédiat avec les arrière-gardes de Bourbaki. |
| Places. | Nuit du 20-21 janv. | **Sous Belfort : combat de Pérouse.** — Répétition contre ce village de l'opération du 8-9 janvier contre Danjoutin : succès analogue pour les Allemands. |
| Est. | 21 janv. | **Combat de Vrécourt** (entre Neufchâteau et Lamarche). — Diversion exécutée, pendant l'expédition de Fontenoy-sur-Moselle, par les troupes laissées au camp de Boene (un bataillon de mobiles du Gard et un peloton de cavaliers volontaires), contre la garnison allemande sortie de Neufchâteau, lieutenant-colonel von Dobschütz. Nous nous replions dans la forêt, sans être poursuivis, après avoir perdu une centaine de tués, blessés ou prisonniers. |

| | | |
|---|---|---|
| | / | Dobschütz rentre à Neufchâteau sans pousser plus loin la reconnaissance qu'il projetait vers Langres. |
| Est. | 21 janv. | **Affaire de Dôle**, entre les têtes de colonne du II<sup>e</sup> corps arrivant sur le Doubs, général-major von Koblinski, et un millier de mobiles venus de Langres et commandés par le colonel Bombonnel : les Allemands s'emparent de Dôle et d'un riche convoi administratif de 230 wagons chargés qui était destiné à l'armée de Bourbaki. |
| Paris. | 21 janv. | **Commencement du bombardement de Saint-Denis et des fronts nord** de Paris par la IV<sup>e</sup> armée allemande, prince royal de Saxe. |
| Est. | 21-22-23 janv. | **Combats de Talant - Fontaine - Messigny - Pouilly** (autour de Dijon), livrés par les troupes de Garibaldi (armée des Vosges) 40,000 hommes, postés à Dijon avec mission de garder la ligne d'opérations de Bourbaki, contre la brigade mixte du général-major von Kettler, chargée par Manteuffel d'observer Garibaldi et de le tromper en se multipliant. Kettler subit de grosses pertes, mais il atteint son but : Garibaldi ne bouge pas de Dijon. Tué : le général Bossak-Hauké (Polonais). Le 23, à Pouilly, la brigade Ricciotti Garibaldi s'empare d'un drapeau du 61<sup>e</sup> prussien. |
| Est. | 22 janv. | **Destruction du pont de Fontenoy-sur-Moselle** par le corps de partisans du commandant Bernard, parti du camp de Boene le 18 (voir à cette date). |
| Paris et Politique | 22 janv. | **Nouvelle émeute dans Paris,** conséquence de la défaite de Buzenval et de la perspective d'une capitulation. Suppression du titre et des fonctions de gouverneur de Paris. Trochu reste le chef du gouvernement, mais le général Vinoy est nommé commandant en chef de toutes les forces militaires. |
| Est. | 22-23 janv. | **L'armée de l'Est atteint Besançon ;** elle s'arrête autour de la ville, à cheval sur le Doubs, pendant que Manteuffel en prépare l'enveloppement. |
| Est. | 23 janv. | **Combat de Quingey** (au sud de Besançon). — Affaire d'avant-garde entre des fractions du 15<sup>e</sup> corps, Martineau, et la 13<sup>e</sup> division allemande, lieutenant-général von Bothmer. Nous allons être en contact constant avec l'armée de Manteuffel. |
| Est. | 23 janv. | **Combat de Vesoul** entre des détachements de corps francs et de mobiles de Langres, et la brigade de cavalerie badoise, colonel von Willisen. Nous rétrogradons. |
| Est. | 23 janv. | **Escarmouches de Montbozon** (entre Beaume-les-Dames et Vesoul). — Affaires d'arrière-gardes entre les attardés du 18<sup>e</sup> corps et les têtes de colonne du XIV<sup>e</sup> corps allemand. |
| Est. | 23 janv. | **Combat de Beaume-les-Dames** entre les arrière-gardes du 15<sup>e</sup> corps et la brigade mixte von der Goltz. |

| | | |
|---|---|---|
| Est. | 24-25 janv. | **Escarmouches** de Mouchard-Salins-Arbois (entre Besançon et Lons-le-Saunier), entre le 15e corps français et la 3e division allemande, général-major von Hartmann. |
| Loire. | 25 janv. | **Surprises de la Roche-sur-Yonne et Brienon** (voie ferrée de Dijon à Sens). — Enlèvement des postes des deux gares (deux compagnies des troupes d'étapes allemandes, de la IIe armée), et destruction des ponts par un détachement du général de Pointe de Gévigny, qui à ce moment organise le 26e corps, entre l'Yonne et la Loire, à Nevers et Auxerre. |
| Est. | 25 janv. | **Combat de Vorges et Busy** (route de Quingey à Besançon), entre des fractions du 15e corps français et la brigade du général-major von Ostensacken, du VIIe corps. |
| Est. | 24-25 janv. | **Affaires de Blâmont-Clerval** (massif du Lomont), entre les troupes débandées du 24e corps, général Bressolles, et le détachement du général-major von Debschitz. |
| Est. | 25 janv. | **Combats au sud de Baume-les-Dames,** entre les troupes débandées du 24e corps français et la 4e division de réserve von Schmeling ; celle-ci passe sur la rive gauche du Doubs. <br> Le corps Bressolles, 24e, abandonne définitivement les positions du Lomont, qu'il était chargé de garder, et se jette en désordre vers Pontarlier. |
| Places. | 25 janv. | **Capitulation de Longwy.** — Défenseur : lieutenant-colonel Massaroli, 4,000 hommes. Assaillant : détachement mixte formé de troupes de landwehr et d'étapes, 10 bataillons, 2 escadrons et 90 pièces, aux ordres du colonel von Krenmsky. |
| Paris et Politique | 26 janv. | **Suspension d'armes applicable à Paris seulement,** en attendant le résultat des négociations engagées à Versailles, entre Bismarck et Jules Favre, en vue de la conclusion d'un armistice général. |
| Est. | 26 janv. | **L'armée de l'Est quitte Besançon,** où elle est restée immobilisée depuis trois jours, et marche vers Pontarlier. Il est trop tard : Manteuffel, arrivé sur la rive gauche du Doubs, a exécuté un nouveau changement de direction, cette fois à gauche ; il fait maintenant face à l'est, tout en nous débordant au sud, tandis que Werder nous talonne au nord. Bourbaki désespéré tente de se suicider ; à ce moment même, la Délégation de Bordeaux le remplaçait par l'un de ses commandants de corps. **Le général Clinchant prend le commandement en chef de l'armée de l'Est.** — Il tente d'accélérer le mouvement de retraite sur Pontarlier, dans l'espoir que nos colonnes pourront encore se glisser entre la frontière suisse et Manteuffel, pour atteindre la haute vallée du Rhône. |

| | | |
|---|---|---|
| Est. | 26-27 janv. | **Affaires de Salins.** — Engagements entre les arrière-gardes du 15ᵉ corps français et la 3ᵉ division allemande, von Hartmann; canonnade entre les forts Saint-André et Belin et l'artillerie du IIᵉ corps, von Fransecky. |
| Places. | Nuit du 26 au 27 janv. | **Sous Belfort : combat des Hautes et des Basses-Perches.** — Tresckow tente un assaut prématuré contre les deux redoutes des Hautes et Basses-Perches. Ses troupes sont repoussées avec perte de 500 tués, blessés ou prisonniers. |
| Est. | 28 janv. | **Surprise de Prauthoy** (au sud de Langres). — Un détachement de un bataillon et un escadron (de la brigade mixte von Kettler), aux ordres du capitaine von Kriess, est surpris par une sortie de Langres : il perd une centaine de tués ou blessés, et son convoi. |
| Politique et Paris. | 28 janv. | **Signature d'un armistice général de vingt et un jours, et capitulation de Paris.** — Conditions : Reddition de la capitale, de ses forts et du matériel de guerre; l'armée de Paris prisonnière de guerre, moins la garde nationale et une division de l'armée active; payement d'une contribution municipale de 200 millions. Restrictions : **l'armistice n'est valable pour les départements qu'à dater du 31; il n'est pas applicable à la région de l'Est. Jules Favre omet de mentionner ces deux restrictions** dans la communication télégraphique qu'il fait à la Délégation de Bordeaux, sous le contreseing de Bismarck. |
| Loire. | 28 janv. | **Combat de Châtillon-sur-Loing.** — Reconnaissance de la brigade de cavalerie hessoise, général-major von Rantzau, et rencontre avec des détachements du général de Pointe de Gévigny, lesquels se retirent après un engagement sans grande importance. |
| Loire. | 29 janv. | **Combat de Vienne** (faubourg de Blois, rive gauche), entre une division du 25ᵉ corps (en formation à Vierzon), conduite par le commandant de corps, général Pourcet, et des fractions mélangées du Xᵉ corps, de la division hessoise (IXᵉ corps) et de la 1ʳᵉ division de cavalerie. Les Allemands sont battus : ils repassent sur la rive droite et font sauter les ponts de Blois, afin d'arrêter les entreprises gênantes des pointes françaises. |
| Est. | 29 janv. | **Combats de Nozeroy-les-Planches** (hautes vallées de l'Ain), entre les troupes du général Cremer et des fractions du 24ᵉ corps, d'une part; les avant-gardes du IIᵉ corps prussien, von Fransecky, d'autre part. |
| Paris. | 29 janv. | **Les Allemands prennent possession des forts** et du matériel de guerre. L'armée prisonnière reste consignée dans Paris, où il est convenu que les Allemands n'entreront pas pendant la durée de l'armistice. |

| | | |
|---|---|---|
| Est. | 29 janv. | **Affaire de Chaffois** (à l'ouest de Pontarlier), entre la division Thornton (du 20e corps), qui se débande et se laisse capturer 1,500 prisonniers, et la 13e division (VIIe corps), lieutenant général von Bothmer. |
| Est. | 29 janv. | **Affaire de Sombacourt** (au nord-ouest de Pontarlier). — Un bataillon et un peloton hanovriens de la 14e division (VIIe corps) surprennent le cantonnement de Sombacourt à la tombée de la nuit et y capturent 3,000 hommes avec les généraux Dastugue et Minot, 1re division du 15e corps, l'artillerie et le convoi de cette division. |
| Politique | 29 janv. | **Décret du gouvernement (de Paris)** qui convoque les électeurs pour le 8 février, à l'effet d'élire, au scrutin de liste par département, les 753 députés appelés à former une **Assemblée nationale.** |
| Est. | 30 janv. | **Affaires de Frasnes** (au sud-ouest de Pontarlier), entre des fractions débandées du 24e corps, qui se laissent enlever sans combat 1,200 prisonniers, et la 4e division d'infanterie (IIe corps), général-major von Trossel. |
| Est. | 31 janv. | **Affaire de Vaux** (au sud-ouest de Pontarlier), entre les débandés du 24e corps et la 3e division allemande, général-major von Hartmann. Les Allemands n'ont plus guère qu'à ramasser des prisonners. |
| Est. | 1er fév. | **Conclusion de la Convention de Verrières** entre le général Clinchant et le général suisse Hans Herzog, à l'effet d'autoriser l'armée de l'Est, acculée à la frontière, à passer immédiatement avec armes et bagages sur le territoire helvétique, où elle sera désarmée et restera internée jusqu'à la paix. |
| Est. | 1er fév. | **Combats de Pontarlier, de la Cluse, de Joux.** — D'une part, des fractions du 18e corps, puis la réserve Pallu de la Barrière, qui couvrent le défilé de l'armée vers la Suisse; d'autre part, le IIe corps, général von Fransecky. 90,000 Français entrent en Suisse. Environ 15,000 hommes s'échappent au sud par les montagnes; ils sont ralliés à Gex par Cremer, qui en forme le noyau du nouveau 24e corps. |
| Politique | 6 fév. | **Démission de Gambetta.** — Le gouvernement de Paris, qui ne voyait que la capitale et voulait la paix, était en désaccord aigu avec la Délégation de Bordeaux, qui voulait la guerre à outrance, d'accord en cela avec les généraux les mieux placés pour juger. La Délégation est dissoute. Gambetta, quoique ministre de l'intérieur du gouvernement du 4 septembre, résigne toutes ses fonctions et se retire en Espagne. |
| Places. | 6 fév. | **Sous Belfort** : le colonel Denfert abandonne volontairement les deux redoutes des Perches, qu'il juge ne plus pouvoir défendre. |

| Politique | 8 fév. | **Elections générales** dans toute la France. — Thiers est élu dans 29 départements, Gambetta dans 9, Garibaldi dans 4, etc. Sont également élus deux des fils du roi Louis-Philippe : le prince de Joinville et le duc d'Aumale. |
|---|---|---|
| Politique | 12 fév. | **Réunion de l'Assemblée nationale à Bordeaux.** |
| Politique | 15 fév. | Prorogation de l'armistice jusqu'au 26 février. |
| Places. | 16 fév. | Convention portant reddition de Belfort. — Les troupes du colonel Denfert évacuent la place les 17 et 18, en emmenant leur outillage de campagne. Entrée des Allemands du corps de siège, lieutenant général von Tresckow II, le 18 février. |
| Politique | 17 fév. | L'Assemblée nationale, présidée par Jules Grévy, confie à **Thiers** le titre et les fonctions de **chef du Pouvoir exécutif**, et le charge d'entamer et de poursuivre des négociations avec l'Allemagne, en vue du rétablissement de la paix. |
| Politique | 26 fév. | **Conclusion des préliminaires de la paix,** à Versailles, entre Thiers, assisté de Jules Favre, et le chancelier allemand von Bismarck. Clauses essentielles : cession de l'Alsace-Lorraine, payement d'une indemnité de 5 milliards, occupation du territoire comme garantie de ce payement, qui devra être complètement effectué en 1875, etc. Seconde prorogation de l'armistice, jusqu'au 12 mars, avec cette clause spéciale que 30,000 Allemands entreront à Paris le 1er mars et y séjourneront jusqu'à l'échange des ratifications du traité préliminaire. |
| Politique | 1er mars. | **L'Assemblée nationale ratifie le traité préliminaire**, malgré les protestations des députés alsaciens-lorrains, par 546 voix contre 107. Elle proclame solennellement la déchéance de Napoléon III et de sa dynastie, qu'elle déclare responsables du démembrement de la France. Les députés alsaciens-lorrains et quelques autres démissionnent. |
| Paris. | 1er au 3 mars. | Occupation partielle de Paris par 30,000 Allemands qui ont été passés en revue le matin même par l'empereur Guillaume, à Longchamps. « L'entrée dans la capitale de l'ennemi s'effectua drapeaux déployés, au bruit des musiques militaires jouant la marche déjà exécutée en semblable occasion en 1814. » (Relation de l'état-major allemand.) |
| Paris et Politique | 18 mars. | Proclamation de la Commune à Paris. — Le gouvernement quitte la capitale et va s'établir à Versailles, où l'Assemblée, se trouvant mal placée à Bordeaux et ne |

| | | |
|---|---|---|
| | | voulant pas rentrer à Paris, doit venir s'installer le surlendemain. |
| Politique | 20 mars. | L'Assemblée nationale s'installe à Versailles. |
| Places. | 26 mars. | La garnison française de Bitche, 2,000 hommes, commandant Teyssier, évacue la place, devenue allemande par traité. — Celle-ci est remise aux Allemands du corps de blocus, colonel von Kohlermann. |
| Politique | 10 mai. | **Conclusion du traité de paix définitif à Francfort-sur-le-Mayn,** sur les bases consenties dans le traité préliminaire. |
| Politique | 18 mai. | L'Assemblée nationale ratifie le traité de Francfort, déjà ratifié le 16 par l'empereur allemand. L'échange officiel des ratifications a lieu le 20 mai à Francfort. |

16 septembre 1873. — **Les dernières troupes allemandes d'occupation quittent la France et repassent la nouvelle frontière.** — Ce dernier corps d'occupation était commandé par Manteuffel; il avait évacué Verdun, gage extrême, trois jours auparavant, le 13 septembre 1873.

# ARMÉES FRANÇAISES.

## Armée du Rhin.

Commandant en chef : L'empereur NAPOLÉON III.
Major-général : Maréchal LE BŒUF.
Aides-majors généraux : Généraux de division *Lebrun* et *Jarras*.
Commandant de l'artillerie : Général *Soleille*.
Commandant du génie : Général *Coffinières de Nordeck*.

| CORPS D'ARMÉE. | DIVISIONS. | BRIGADES. |
|---|---|---|
| **Garde :** Bourbaki. | Deligny............ | Brincourt. Garnier. |
| | Picard............ | Jeanningros. De Lacroix. |
| | *Cavalerie :* Desvaux.... | Halna du Frelay. De France. Du Preuil. |
| **1er corps :** De Mac-Mahon. | Ducrot............ | Wolff. Du Houlbec. |
| | Abel Douay........ | De Montmarie. Pellé. |
| | Raoult. ......... | L'Hérillier. Lefebvre. |
| | De Lartigue........ | De Kerleadec. Lacretelle. |
| **1er corps** (suite). | *Cavalerie :* Duhesme... | De Septeuil. De Nansouty. Michel. |
| **2e corps :** Frossard. | Vergé............ | Valazé. Jolivet. |
| | Bataille........ | Pouget. Faurart-Bastoul. |
| | De Laveaucoupet... | Doens. Micheler. |
| | *Cavalerie :* Lichtlin.... | De Valabrègue. Bachelier. |
| **3e corps :** successivement Bazaine, Decaen, Le Bœuf. | Montaudon........ | Aymard. Clinchant. |
| | De Castagny........ | Nayral. Duplessis. |

| CORPS D'ARMÉE. | DIVISIONS. | BRIGADES. |
|---|---|---|
| 6e corps : Canrobert. | Tixier | Péchot. |
| | | Le Roy de Dais. |
| | Bisson | Archinard. |
| | | Maurice. |
| | Lafont de Villiers | De Sonnay. |
| | | Colin. |
| | Levassor-Sorval | De Marguenat. |
| | | De Chanaleilles. |
| | Cavalerie : De Salignac-Fénelon. | Tilliard. |
| | | Savaresse. |
| | | De Béville. |
| 7e corps : Félix Douay. | Conseil-Dumesnil | Nicolaï. |
| | | Maire. |
| | Liébert | Guiomar. |
| | | De la Bastide. |
| | Dumont | Bordas. |
| | | Bitard des Portes. |
| | Cavalerie : Ameil | Cambriel. |
| | | Ducoulombier. |
| Cavalerie de réserve | Du Barail | Marguerite. |
| | | De Lajaille. |
| | De Bonnemains | Girard. |
| | | De Brauer. |
| | De Forton | Murat. |
| | | De Grammont. |

| CORPS D'ARMÉE. | DIVISIONS. | BRIGADES. |
|---|---|---|
| 3e corps. (suite.) | Metman | De Potier. |
| | | Arnaudeau. |
| | Decaen | De Brauer. |
| | | Sanglé-Ferrière. |
| | Cavalerie : De Clérembault. | Bruchard. |
| | | Ve Maubranches. |
| | | De Juniac. |
| 4e corps : Ladmirault. | De Cissey | Brayer. |
| | | De Golberg. |
| | Grenier | Véron-Bellecourt. |
| | | Pradier. |
| | De Lorencez | Pajol. |
| | | Berger. |
| | Cavalerie : Legrand | De Montaigu. |
| | | De Gondrecourt. |
| 5e corps : De Failly. | Goze | Saurin. |
| | | Nicolas-Nicolas. |
| | Labadie d'Aydrein | Lapasset. |
| | | De Maussion. |
| | Guyot de Lesparl | Abbatucci. |
| | | De Fontanges. |
| | Cavalerie : Brahaut | De Bernis. |
| | | De la Mortière. |

## Armée de Châlons.

Commandant en chef : Maréchal de Mac-Mahon.
Chef d'état-major général : Général Faure.

**1er corps : Ducrot.**

- Wolff............... → Moreno. / Du Houlbec.
- Pellé ............. → De Montmarie. / Gandil.
- L'Hérillier............ → Carteret-Trécourt. / Lefebvre.
- De Lartigue............ → De Kerleadec. / Carré de Bellemarre.
- Cavalerie : Duhesme, puis Michel............ → De Septeuil. / De Nansouty. / Michel.

**5e corps : De Failly.**

- Goze.............. → Saurin. / Nicolas-Nicolas.
- Labadie d'Aydrein..... → De Maussion. (Lapasset, à Metz.)
- Guyot de Lespart....... → Abbatucci. / De Fontanges.
- Cavalerie : Brahaut.... → De Bernis. / De la Mortière.

**7e corps : Félix Douay.**

- Conseil-Dumesnil........ → Morand. / Chagrin de Saint-Hilaire.
- Liébert.............. → Guiomar. / De la Bastide.
- Dumont.............. → Bordas. / Bittard des Portes.
- Cavalerie : Améil..... → Cambriel. / Ducoulombier.

**12e corps : Lebrun.**

- Grandchamp........... → Cambriels. / De la Villeneuve.
- Lacretelle............ → Bernier-Maligny. / Marquisan.
- (Infanterie de marine), de Vassoigne. → Reboul. / Martin des Pallières.
- Cavalerie : de Salignac-Fénelon............ → Savaresse. / De Béville. / De Vandeuvre.

**Cavalerie de réserve.**

- Marguerite........ → Tilliard. / De Galliffet.
- De Bonnemains........ → Girard. / De Brauer.

(Corps successivement formés.)

| CORPS D'ARMÉE. | DIVISIONS. | BRIGADES. |
|---|---|---|
| **15e corps :** successivement De La Motterouge, D'Aurelle de Paladines, Martin des Pallières, Martineau des Chenez. | Martin des Pallières, puis de Chabron.... | De Chabron. / Bertrand. |
| | Martineau des Chenez, puis Rebilliard.... | D'Aries. / Rebilliard. |
| | Peytavin.... | Peytavin. / Martinez. |
| | *Cavalerie :* Reyau, puis de Longerue.... | De Longerue. / De Brémond d'Ars. / Dastugue. |
| **16e corps :** successivement D'Aurelle, Pourcet, Chanzy, Jauréguiberry. | Jauréguiberry, puis De-planque.... | Maurandy. / Deplanque. |
| | Barry.... | Desmaisons. / Barry. |
| | Chanzy, Maurandy, Bour-dillon.... | Bourdillon. / Scatelli. |
| | *Cavalerie :* Ressayre, puis Michel.... | Tripart. / Digard. / Abdelal. |
| **17e corps :** | De Roquebrune.... | Pâris. / Faussemagne. |
| **17e corps :** successivement Durieu, De Sonis, Guépratte, De Colomb. | Feillet-Pilatrie, puis de Jancigny et Pâris.... | Bonet. / Hainglaise. |
| | Deflandre, de Jouffroy et Maurandy.... | De Jouffroy. / Sautereau. |
| | Successivement de Lon-gerue, de Sonis, Gué-pratte et d'Espeuilles. | De Landreville. / Guépratte. |
| **18e corps :** successivement Abdelal, Billot, Bourbaki. | Feillet-Pilatrie.... | Hainglaise. / Robert. |
| | Penhoat.... | Perrin. / Perreaux. |
| | Bonnet.... | N... / Marcq-Saint-Hilaire. |
| | *Cavalerie :* de Brémond d'Ars.... | Charlemagne. / Guyon-Vernier. |
| **19e corps :** Briand, Dargent. | Bardin.... | Ritter. / Luzeux. |
| | Girard.... | Robert. / De Brême. |

| Corps | Division | Brigades |
|---|---|---|
| **19e corps.** (suite.) | Saussier .......... | Roy. / N... |
| | Cavalerie : Abdelal.... | De Kerhué. / De Vougnes. |
| | Cavalerie : Guillon.... | 6 régiments non embrigadés. |
| | Bruat......... | De Seigneurens. / De Langourian. |
| **20e corps :** Crouzat. | De Polignac.......... | Boisson. / Brisac. |
| | Thornton.......... | Aube. / Vivenot. |
| | Ségard ......... | Durochat. / Girard. |
| | Chabron......... | Chaulon. / Leclaire. |
| | Ferri-Pisani-Jourdan... | Laurens. / Blot. |
| | Cavalerie : Tripart..... | Delhorme. / De Bruchard. |
| **21e corps :** Fiéreck, Jaurès. | Rousseau.......... | Roux. / De Villars. |
| | Collin......... | De la Marlière. / Des Montis. |
| | Villeneuve.......... | Stéphanie. / Du Temple. |
| | Gougeard.......... | N... / N... |
| **25e corps :** Pourcet. | D'Aries......... | De la Colombe. / Delatouche. |
| | De la Blanchetée....... | Villain. / Perrin. |
| | Bouillé........... | N... / N... |
| | Cavalerie : De Boërio.. | Letuvé. / Pollard. |
| **26e corps :** Billot. | | |

## Armée du Nord (Janvier 1871.) — Commandant en chef : Général FAIDHERBE. — Chef d'état-major général : Général Farre.

| Corps | Division | Brigades |
|---|---|---|
| **22e corps :** Lecointe. | Derroja.......... | Aynès. / Pittié. |
| | Dufaure du Bessol..... | Foerster. / Gislain. |
| **23e corps :** Paulze d'Ivoy. | Payen........... | Michelet. / De Lagrange. |
| | Robin........ | Brusley. / Amos. |

Plus les deux brigades de mobilisés Isnard et Pauly.

# Armée de l'Est.

Commandant en chef : Général BOURBAKI, puis CLINCHANT.

Chef d'état-major général : Général *Borel*.

| CORPS D'ARMÉE. | DIVISIONS. | BRIGADES. |
|---|---|---|
| **15e corps :** Martineau des Chenez, puis Peytavin. | Durieu, puis Dastugue.. | Minot. / Questel. |
| | Rebilliard............ | Le Camus. / Choppin. |
| | Peytavin......... | De la Blanchetée. / Martinez. |
| | *Cavalerie :* De Longerue. | De Boërio. / Tillon. |
| **18e corps :** Billot. | Feillet-Pilatrie......... | Leclaire. / Robert. |
| | Penhoat.......... | Perrin. / Perreaux. |
| | Bonnet......... | Goury. / Bremens. |
| | *Cavalerie :* De Brémond d'Ars ............ | Charlemagne. / Guyon-Vernier. |
| **20e corps :** Clinchant. | De Polignac.......... | Godefroy. / Bris ach. |
| **20e corps.** (suite.) | Thornton........... | De Seigneurens. / Vivenot. |
| | Ségard...... | Durochat. / Simonin. |
| | *Cavalerie :* De Brasseries. | |
| **24e corps :** Bressolles, puis Comagny (Thibaudin). | D'Aries......... | Castella. / N... |
| | Comagny......... | Irlande. / Bramas. |
| | Carré de Busserolle..... | N... / N... |
| | | De cavalerie N... |
| **Réserve.** » | Pallu de la Barrière.... | D'infanterie. / De cavalerie. |
| | Cremer............ | Millot. / Carol-Tevis. |

## Corps Garibaldi (Janvier 1871).

Armée des Vosges (2e formation.)

Commandant : Général GARIBALDI. — Chef d'état-major : Général *Bordone.*

1re brigade : Général Bossak-Hauké.    4e brigade : Colonel Ricciotti Garibaldi.
2e brigade : Colonel Delpech.    5e brigade (en formation) : Colonel Canzio.
3e brigade : Colonel Menotti Garibaldi.

## Armées de Paris.

### 1° *En octobre* 1870 :

Commandant en chef : Général TROCHU, gouverneur.
Chef d'état-major général : Général *Schmitz.*
Commandant de la garde nationale : Général *Tamisier.*
Commandant supérieur des troupes actives : Général *Ducrot.*

| | | |
|---|---|---|
| **13e corps :** Vinoy. | D'Exea........... | Mattat. Daudel. |
| | De Maud'huy........ | Guérin. Blaise. |
| | Blanchard......... | De Susbielle. Guilhem. |
| | *Cavalerie :* De Champéron........... | De Gerbrois. Cousin. |
| **14e corps :** Renault. | De Caussade.......... | De la Charrière. Lecomte. |
| | D'Hugnes.......... | Bocher. Paturel. |
| | De Maussion.... ..... | Benoît. Courty. |
| **Corps de St Denis.** | Carré de Bellemarre.... | » |

### 2° *En novembre* 1870 :

Généralissime : Général TROCHU, gouverneur.
Chef d'état-major général : Général *Schmitz.*

**4e ARMÉE.** — Garde nationale sédentaire.

Commandant en chef : Général Clément THOMAS.

## 2e ARMÉE. — Ligne et mobiles.

Commandant en chef : Général DUCROT.

Chef d'état-major général : Général *Appert*.

| CORPS D'ARMÉE. | DIVISIONS. | BRIGADES. |
|---|---|---|
| **1er corps :** Blanchard. | De Malroy.......... | Martenot. Paturel. |
| | De Maud'huy......... | Valentin. Blaise. |
| | Faron.............. | Comte. De la Mariouse. |
| **2e corps :** Renault. | Susbielle............ | De la Charrière. Lecomte. |
| | Berthaut............ | Bocher. De Miribel. |

| CORPS D'ARMÉE. | DIVISIONS. | BRIGADES. |
|---|---|---|
| **2e corps** (*suite*). | De Maussion........ ... | Courty. Avril de l'Enclos. |
| **3e corps :** D'Exea. | De Bellemarre........ | Fournès. Colonieu. |
| | Mattat........ ... | Bonnet. Doudel. Reille. |
| | *Cavalerie :* De Champéron.... | De Gerbrois. Cousin. Allavène. |

## 3e ARMÉE. — Mobiles.

Commandant en chef : Général VINOY.

Chef d'état-major général : Général *De Valdan*.

6 divisions d'infanterie : Soumain, De Liniers, De Beaufort d'Hautpoul, Corréard, D'Hugues, Pothuau.

Une division de cavalerie : Bertin de Vaux.

## CORPS DE SAINT-DENIS. — Marins, francs-tireurs et mobiles.

Commandant : Vice-amiral LA RONCIÈRE LE NOURY.

3 brigades : Lavoignet, Hanrion, Lamothe-Thenet.

# ARMÉES ALLEMANDES.

Généralissime : le roi GUILLAUME DE PRUSSE.

Chef du grand état-major général : Général d'infanterie *De Moltke*.

Ministre de la guerre à l'armée : Général d'infanterie *De Roon*.

## Iʳᵉ ARMÉE : Général d'infanterie STEINMETZ.

| CORPS D'ARMÉE. | DIVISIONS. | BRIGADES. |
|---|---|---|
| **VIIᵉ corps :** De Zastrow. | 13ᵉ De Glümer | 25ᵉ Osten-Sacken. — 26ᵉ De Goltz. |
|  | 14ᵉ De Kameke | 27ᵉ De François. — 28ᵉ De Woyna II. |
| **VIIIᵉ corps :** De Goeben. | 15ᵉ De Weltzien | 29ᵉ De Wedell. — 30ᵉ De Strubberg. |
|  | 16ᵉ De Barnekow | 31ᵉ De Gneisenau. — 32ᵉ De Rex. |
| **Iᵉʳ corps :** De Manteuffel. | 1ʳᵉ De Bentheim | 1ʳᵉ De Gayl. — 2ᵉ De Falkenstein. |
|  | 2ᵉ De Pritzelwitz | 3ᵉ De Memerty. — 4ᵉ De Zglinitsky. |
| **Cavalerie de réserve.** | 1ʳᵉ De Hartmann | 1ʳᵉ De Lüderitz. — 2ᵉ Baumgarth. |
|  | 3ᵉ De Gröben | 6ᵉ De Mirus. — 7ᵉ De Dohna. |

## IIᵉ ARMÉE : Général de cavalerie Prince FRÉDÉRIC-CHARLES DE PRUSSE.

| CORPS D'ARMÉE. | DIVISIONS. | BRIGADES. |
|---|---|---|
| **Garde prussienne :** Prince Auguste de Wurtemberg. | 1ʳᵉ De Pape | 1ʳᵉ De Kessel. — 2ᵉ De Medem. |
|  | 2ᵉ De Budritzki | 3ᵉ Knappe de Knappstadt. — 4ᵉ De Berger. |
|  | Cavalerie : De Goltz | 1ʳᵉ De Brandebourg I. — 2ᵉ Prince Albrecht (fils). — 3ᵉ De Brandebourg II. |
| **IIᵉ corps :** De Fransecky. | 3ᵉ De Hartmann | 5ᵉ De Koblinsky. — 6ᵉ De Decken. |
|  | 4ᵉ Hann de Weyhern | 7ᵉ Du Trossel. — 8ᵉ De Kettler. |
| **IIIᵉ corps :** D'Alvensleben II. | 5ᵉ Stülpnagel | 9ᵉ De Döring. — 10ᵉ De Schwerin. |

| CORPS D'ARMÉE. | DIVISIONS. | BRIGADES. |
|---|---|---|
| III° corps (suite). | 6° De Buddenbrock.... | 11° De Rothmaler. |
| | | 12° De Bismarck. |
| IV° corps : D'Alvensleben I. | 7° De Schwartzhoff.... | 13° De Bories. |
| | | 14° De Zychlinski. |
| | 8° De Schöler......... | 15° De Kessler. |
| | | 16° De Scheffler. |
| IX° corps : De Manstein. | 18° De Wrangel....... | 35° De Blumenthal. |
| | | 36° De Below. |
| | 25° Prince Louis de Hesse......... | 49° De Wittich. |
| | | 50° De Lyncker. |
| | | De caval. de Schlottheim. |
| X° corps : De Voigts-Rhetz. | 19° De Schwarzkoppen.. | 37° Lehmann. |
| | | 38° De Wedell. |
| X° corps (suite). | 20° De Kraatz-Koschlau. | 39° De Woyna I. |
| | | 40° De Diringshofen. |
| XII° corps : Prince royal Albert de Saxe. | 23° Prince Georges de Saxe......... | 45° De Craushaar. |
| | | 46° De Montbé. |
| | 24° De Nehrhoff....... | 47° De Leonhardi. |
| | | 48° De Schultz. |
| | 12° de cavalerie comte zur Lippe......... | 23° Krug de Nidda. |
| | | 24° Sennft de Pilsach. |
| Cavalerie de réserve. | 5° De Rheinbahen...... | 11° De Barby. |
| | | 12° De Bredow. |
| | | 13° De Redern. |
| | 6° Prince Guillaume de Mecklembourg...... | 14° De Diepenbroick. |
| | | 15° De Rauch. |

### III° ARMÉE : Général d'infanterie FRÉDÉRIC-GUILLAUME, Prince royal de Prusse.

| CORPS D'ARMÉE. | DIVISIONS. | BRIGADES. |
|---|---|---|
| V° corps : De Kirchbach. | 9° De Sandrart....... | 17° De Bothmer. |
| | | 18° De Voigts-Rhetz. |
| | 10° De Schmidt....... | 19° De Henning. |
| | | 20° Walther de Montbary. |
| VI° corps : De Tümpling. | 11° De Gordon....... | 21° De Malachowsky. |
| | | 22° De Eckartsberg. |
| VI° corps (suite.) | 12° Hoffmann......... | 23° Gündel. |
| | | 24° De Fabeck. |
| XI° corps : De Bose. | 21° De Schmachtmeyer. | 41° De Koblinsky. |
| | | 42° De Thile. |
| | 22° De Gersdorf...... | 43° De Konsky. |
| | | 44° De Schkopp. |

| Corps | Division | Brigades |
|---|---|---|
| **I^er bavarois :** De Thann, von der Thann. | 1^re De Stephan........ | 1^re Dietl. / 2^e D'Orff. |
| | 2^e De Pappenheim..... | 3^e Schumacher. / 4^e De Tann. / De cavalerie de Tauch. |
| **II^e bavarois :** De Hartmann. | 3^e De Walther........ | 5^e De Schleich. / 6^e De Wissel. |
| | 4^e De Bothmer........ | 7^e De Thiereck. / 8^e Maillinger. / De cavalerie de Multzer. |
| **Corps wurtembergeois-badois :** De Werder. | Wurtembourgeoise : général prussien d'Obernitz........... | 1^re De Reitzenstein. / 2^e De Starkloff. / 3^e De Hügel. / De cavalerie de Scheler. |
| **Corps wurtembergeois-badois** (*suite*). | Badoise : De Beyer...... | 1^re Du Jarrys de la Roche. / 2^e Degenfeld. / 3^e Keller. / De cavalerie de la Roche. |
| *Cavalerie de réserve.* | 2^e De Stolberg........ | 3^e De Colomb. / 4^e De Barnekow. / 5^e De Baumbach. |
| | 4^e Prince Albrecht (père). | 8^e De Hontheim. / 9^e De Bernhardi. / 10^e De Krosigk. |

**Armée du Sud :** Général de cavalerie DE MANTEUFFEL.

| Corps | Division | Brigades |
|---|---|---|
| **II^e corps :** De Fransecky. | 3^e De Hartmann....... | 5^e De Koblinski. / 6^e De Wedell......... |
| | 4^e Hann de Weyhern... | 7^e Du Trossel. / 8^e De Kettler. |
| **VII^e corps :** De Zastrow. | 13^e De Bothmer....... | 25^e D'Osten-Sacken. / 26^e De Barby. |
| | 14^e Schüler de Senden.. | 27^e Pannwitz. / 28^e De Woyna II. |
| | » | Brigade mixte : De Dannenberg. |
| **XIV^e corps :** et corps de siège de Belfort : De Werder. | Badoise : De Glümer... | 1^re Keller. / 2^e De Degenfeld. / 3^e Wechmar. / De cavalerie de Willisen. |
| | Détachement de Goltz.. | Infanterie, Wahlert. / Cavalerie, Krug de Nidda. / 2 batteries. |
| | Détachement Debschitz.. | 8 bataillons, 3 escadrons, 2 batteries. |

| CORPS D'ARMÉE. | DIVISIONS. | BRIGADES. | CORPS D'ARMÉE. | DIVISIONS. | BRIGADES. |
|---|---|---|---|---|---|
| XIVe corps (suite). | 4e division de réserve: De Schmeling...... | Knappe de Knappstadt, De Zimmermann. Cavalerie: De Tresckow II (*). | XIVe corps (suite.) | 1re division de réserve: De Tresckow II (*)... | De Buddenbrock. D'Avemann. |

## Formations diverses temporaires.

| | DIVISIONS. | BRIGADES. | CORPS D'ARMÉE. | DIVISIONS. | BRIGADES. |
|---|---|---|---|---|---|
| Division de réserve: Kümmer. | Schüler de Senden (3e de réserve plus tard).... | Ruville. De Gilsa. | (2e formation.) XIIIe corps: Grand-duc de Mecklembourg. | 17e division, de Tresckow I (*)............ 22e division, de Wittich | (Comme ci-dessus.) Détachée du XIe corps. |
| | » | De ligne, Blankensée. | | Division de landwehr de la garde: De Loen. | De Gandy. De Koehl. |
| (1re formation.) XIIIe corps: Grand-duc de Mecklembourg. | 17e De Schimmelmann. | 33e De Kottwitz. 34e De Manteuffel. | | 1re division de réserve: de Tresckow I (*). | De ligne, de Goltz. De Buddenbrock. D'Avemann. |
| | De Selchow (2e de réserve)......... | Arnoldi. Ranisch. | | | |

(*) Il y a trois généraux Tresckow : le commandant de la 17e division, lieutenant général Tresckow I ; le commandant de la 1re division de réserve, d'abord général-major Tresckow I, puis lieutenant général Tresckow II ; enfin le général-major commandant la brigade de cavalerie de la 4e division de réserve, Tresckow II, jusqu'à la nomination du précédent au grade de lieutenant général.

# INDEX-RENVOI

## AUX PAGES CORRESPONDANTES DU TEXTE.

Paris. — Imprimerie L. BAUDOIN, 2, rue Christine.

www.ingramcontent.com/pod-product-compliance
Lightning Source LLC
Chambersburg PA
CBHW070823260626
47161CB00006B/2389